성공을 위한 날카로운
전략
Deep Dive

성공을 위한 날카로운
전략
Deep Dive

리치 호워스 지음 권혜아 옮김

동해출판

Contents

저자에 대해 • 9
부서의 전략적 사고 능력 개선 • 10

제1장
당신의 능력의 한계는 어디인가? • 13

당신은 전략적인가? • 14 | 시간부족 • 15 | 전략적 사고방식을 가진 사람들의 4가지 유형 • 24 | 전략적 사고의 평가 • 28 | 전략적 사고를 기르기 위한 세 가지 훈련 • 31 | 이번 장의 **핵심** 내용 • 34

제2장
전략적 사고를 위한 준비 • 37

전략적 사고를 방해하는 요소 • 40 | 전략의 정의 • 43 | 전략의 최종 목표- 경쟁 우위 • 53 | 성공을 위한 훈련 • 59 | 이번 장의 **핵심** 내용 • 64

제3장
안목—통찰력을 기르는 훈련 •67

통찰력— 전략의 시발점 •70 | 통찰력의 재료 •73 | 8가지의 전략적 사고 모델들 •96 | 이번 장의 **핵심** 내용 •110

제4장
분배—한정된 자원을 현명하게 활용하기 •113

기업 자원의 세 가지 형태 •115 | 고도의 집중력 •119 | 성장을 위한 가지치기 •122 | 이번 장의 **핵심** 내용 •136

제5장
실행—수면 위로 부상하기 · 139

전략의 실행 · 140 | 전략 실행의 5가지 오류와 해결책 · 142 |
사업 계획에 사용되는 용어 · 153 | 활동 체계 도면(Activity System Map) · 158 | 이번 장의 **핵심** 내용 · 162

제6장
협력 정신 기르기 · 165

목적의 발견—사명, 비전, 가치 · 168 | 전략 개발 과정 · 186 |
전략 워크숍 이끌기 · 194 | 이번 장의 **핵심** 내용 · 198

제7장
전략적 사고의 위험들 • 201

1. 절대적 성과 • 202 ㅣ 2. 닻 효과 • 203 ㅣ 3. 벤치마킹 • 205 ㅣ 4. 확증 편향 • 206 ㅣ 5. 미래 예측 • 208 ㅣ 6. 집단 사고 • 210 ㅣ 7. 후광효과 • 211 ㅣ 8. 현상유지 • 213 ㅣ 9. 매몰비용 • 215 ㅣ 이번 장의 **핵심** 내용 • 218

제8장
도전을 위한 자신감 • 221

전략 설계 • 222 ㅣ 세 가지 훈련 방법 적용하기 • 226 ㅣ 이번 장의 **핵심** 내용 • 230

저자에 대해

리치 호워스는 '전략적 사고 연구소'의 설립자이자 회장으로서 많은 경영자들이 전략적인 사고를 통해 기업 경쟁력을 키울 수 있도록 돕는다. 리치는 전 전략팀 수석 장으로서 레이크 포레스트(Lake Forest) 경영 대학원에 전략 교수로 일하고 있다. 그는 이 방면에 네 권의 저서와 75개 이상의 논문을 저술했다. 그는 인베스터스 비즈니스 데일리(Investor's Business Daily)를 포함한 많은 경영 관련 서적에 소개되었으며 NBC, WGN, FOX TV 등의 방송 매체에서도 자주 출연했다. 미국에서 훌륭한 입담으로 많은 인기를 얻는 강연자이기도 한 그는 전략적 사고 분야에선 단연 으뜸이다.

전략적 사고 분야의 선두자인 그는 미국, 유럽, 아시아 태평양 지역의 포춘 지 선정 500대 기업들과 함께 전략적 사고를 개발시키고 운영 방안을 개선시키는 과정을 돕고 있다. 그의 '전략적 사고'(Strategic Thinker)라는 월간 발행문은 전 세계적으로 수많은 경영자들과 학자들이 읽고 있다. 전략적 사고의 혁신을 가져온 리치는 경영자들이 유용하게 사용할 수 있는 여러 가지 도구들을 개발했다.

- 딥 다이브 교육 시스템(Deep Dive Learning System)™ : 경영자들이 전략적 사고 능력을 향상시킬 수 있도록 여러 과제들과 연습 상황들, 그리고 일대일 상담도 제공.
- 전략 구 시스템(Strategy Sphere System): 온라인 프로그램으로서 40개의 전략적 사고 모델을 제공한다.
- 전략 프린트(Strategy Print): 기업의 핵심 통찰력과 전략 기획을 정리해서 기업의 목적을 달성할 수 있도록 돕는 도면
- 전략적 사고 평가(Strategic Thinking Assessment)™ : 50 문항으로 이루어진 평가 도구로서 경영자의 전략적 사고 능력을 평가하고 개선할 부분을 제시한다.

리치는 드폴 대학(DePaul University) 의 켈스다트(Kellstadt) 경영대학원을 우수한 성적으로 졸업했으며 시카고(Chicago) 경영대학원과 다트모스(Dartmouth) 대학의 아모스 턱 경영 학교에서 대학원 과정을 마쳤다. 그는 일리노이 주의 바링톤 힐스 지역에 거주하고 있다.

부서의 전략적 사고 능력 개선

딥 다이브 교육 시스템(Deep Dive Learning System)™ 을 통해서 경영팀의 전략적 사고 능력을 키우고 기업의 경쟁력을 높일 수 있다. 이 시스템을 통해서:

   1. 전략적 사고의 세 가지 요소를 매일 적용할 수 있다.

2. 차별화 전략으로 매출을 높일 수 있다.
3. 생산력을 높이기 위한 전략적 결정들을 효과적으로 내릴 수 있다.
4. 전략 공식으로 명확하고 효과적인 전략을 세울 수 있다.
4. 전략 프린트를 통해서 실시간으로 전략 계획을 구상할 수 있다.

딥 다이브 교육 시스템은 다음으로 구성되어 있다

- 전략 평가
- 팀별 워크숍
- 책과 학술지들
- 워크북
- 일지
- 전략 구 소프트웨어
- 일대일 전략 상담

CHAPTER 01
당신의 능력의 한계는 어디인가?

스스로 과거의 노예가 되지 말라.
거대한 바다 속으로 뛰어들어 더 깊숙이 잠수하고
더 멀리 헤엄쳐라. 그러면 새로운 활력과 자신감,
과거를 이겨낼 수 있는 값진 경험을 갖고 돌아올 것이다.

랄프 왈도 에머슨(Ralph Waldo Emerson), 철학가이자 작가

넓고 푸른 바다 속에서 산소 탱크의 압력을 확인했다. 산소가 줄어들고 있어서 숨이 막혀왔다. 나는 호흡을 위해 재빨리 수면으로 올라왔다. 그런 다음 산소 흡입장치를 입에서 빼고, 삶을 지탱해주는 공기를 크게 한 모금 들이마셨다. 그런 후 헤엄을 쳐서 육지로 올라왔다. 숨을 쉬지 못하게 되었을 때 한정된 자원(이 경우는 산소)을 현명하게 사용한다는 것이 얼마나 중요한 일인지 실감할 수 있었다.

한정된 자원을 적절히 활용해서 경쟁우위를 확보하려면 전략이 있어야 한다. 그러나 많은 회사들은 '숨통이 끊어질 때까지' 전략을 세우지 않는다. 그 대신 한정된 자원을 낭비하면서 겨우 연명해 나간다. 절박함이 묻어나는 통찰력 있는 시각, 자원(시간과 돈과 재능)을 현명하게 분배할 규정도 없이, 그저 자원이 썰물에 쓸려가도록 내버려 두는 것이다.

경영자는 조직 내에 다양한 자원을 보유하고 있다. 그리고 자원들을 어떻게 관리할 것인지 결정한다. 엄밀히 말해 경영자들은 전략가여야 한다. 그러나 모든 경영자들이 유능한 전략가는 아니다. 이 책에는 최고의 기회라는 진주가 들어 있다. 즉, 비즈니스에 더욱 깊숙이 뛰어들어 전략적 통찰력을 갖고 다시 떠오르게 될 것이며, 동시에 더욱 가치 있는 사람이 될 것이다. 효율적인 자원 배분은 높은 수익성(올바른 활동에 더 많은 자원의 투입)과 높은 생산성(잘못된 활동에는 보다 적은 자원의 투입)을 이끌어낸다.

당신은 전략적인가?

> 대학시절에 형이상학 과목 시험을 보던 중 부정행위 때문에 쫓겨났었다. 그때 나의 부정행위는 옆 자리에 있던 아이의 영혼을 들여다본 것이다. 우디 앨런(Woody Allen), 작가, 감독 겸 배우

다른 사람의 영혼을 들여다보려는 이유는 무엇일까. 그 사람이 '전략적인 사람'인지 아닌지를 판단하기 위함이다. 많은 회사들이 전략적

사고는 경영자들의 몫으로 돌리고 사원들은 필요하지 않다고 생각한다. 하지만 직위만으로 전략적 사고 능력을 판단할 수는 없다. 헐리우드 배우의 인지도로 그 사람의 지식 수준을 평가할 수는 없지 않은가.

미국 경영자협회는 리더십에 관해 흥미로운 조사를 실시했다. 이 조사에서 리더의 가장 중요한 덕목으로 전략개발 능력이라는 것이 밝혀졌다. 그러나 불행히도 경영자들 중에 전략가로 꼽을 수 있는 사람은 4퍼센트에 지나지 않는다. 그 원인은 전략적 사고를 익히려 하지 않기 때문이다. 많은 회사들이 판매나 고객 서비스, 커뮤니케이션 등의 교육에는 많은 투자를 한다. 그러면서 정작 전략적 사고 개발을 위한 교육은 소홀히 한다. 당신의 경우를 생각해보라. 회사에서 전략적 사고를 위한 교육을 받아본 적이 있던가?

시간부족

> 전략가에게 절대적으로 부족한 건 시간이다. 마치 체스 게임에서처럼 시간이 부족하면 아무런 전략 없이 반사작용만으로 게임을 하게 한다. 게리 카스파로프(Garry Kasparov), 전 세계 체스 챔피언

시간은 한 번 사용하고 나면 다시 되돌릴 수 없다. 회사에는 청소나 건물 관리 등과 같이 많은 시간을 요구하는 일들이 있다. 회사는 이를 다른 곳에 위탁함으로서 사원들이 일에 열중할 수 있도록 시간을 늘려

준다. 시간 역시 전략사고가 부족하면 결국 낭비로 이어진다. 다음은 최근의 연구를 통해 알게 된 사실들이다.

- 65퍼센트의 경영자들이 한 달에 한시간 이하로 전략 회의를 연다. 또 이들 중의 절반은 아예 전략 회의를 하지도 않는다.
- 경영자의 90퍼센트는 전혀 생산적이지 않은 일에 시간을 낭비한다. 즉 10퍼센트의 경영자만이 목적의식을 갖고 자신의 역할에 전념한다.
- 최고 경영자의 80퍼센트는 회사의 미래에 20퍼센트 정도의 도움 밖에 되지 않는 일에 대부분의 시간을 사용한다.
- 대부분의 경영자들은 전략적 사고를 하지 않고, 자잘한 문제에 치중한 나머지 방향성을 잃고 만다. 문제의 핵심은 운영능력의 부족이 아니라 전략적 사고의 결여인 것이다.

전략사고가 결여되면, 기업은 시간이라는 한정된 자원을 효율적으로 사용하지 못하고 발전은 더뎌진다. 매출이 줄어드는 사태의 원인을 분석하려고 500여개의 기업을 조사해 보았다. 그 결과 87퍼센트의 기업에서 한번 이상 매출 감소를 경험했다. 이와 같은 매출 감소는 막대한 재정 손실로 이어졌다.

이런 현상의 원인을 집중적으로 살펴본 결과, 매출 부진을 겪은 70퍼센트의 회사들은 전략을 갖고 있지 않았다. 매출 감소는 전략 경영을 통해 얼마든지 해결할 수 있는 문제였던 것이다. 그러나 경영자들은 매출 감소를 경기 탓으로 돌리며 핑계를 찾으려 했다. 날카로운 통찰력을 겸비한 전략적 마인드는 오늘날 기업의 진정한 경쟁력이 된다.

수많은 학자들과 경영자들은 전략적 사고의 중요성을 다음과 같이 강조한다.

- 전략적 사고를 대체할 수 있는 것은 없다. 품질 개선은 어떤 품질이 경쟁력 있는지 분명히 파악하기 전까지는 불가능하다.
- 유능한 경영자에게 가장 필요한 기술은 미래에 대해 통찰력과 전략적으로 계획을 세우는 능력이다.
- 기업이 전략을 바꾸는 것이 어려운 가장 큰 이유는 전략적 사고를 경영의 핵심 능력으로 생각하지 않기 때문이다.
- 지금은 전문 기술자들(엔지니어, 과학자, 임상의)을 기업의 핵심 전략가로 육성하는 노력이 필요하다.
- 오늘날의 경쟁 환경에서는 훌륭한 경영 능력만으로 결점투성인 전략들을 바로 잡을 수 없다. 투자할 비즈니스와 적용할 비즈니스 모델들을 다시 점검한 후, 전략적으로 접근하는 것이 매우 중요하다.

전략적 사고의 필요성을 파악했다면 어떻게 하면 전략사고를 할 수 있게 될까? 전략은 추상적일 수 있다. 또한 전략이라는 개념에 대해 생

> 전략적 사고란 경쟁 우위를 확보하기 위해 경영과정에서 통찰력을 갖고 새로운 계획을 세우고 적용하는 것이다.

각한다는 것 자체가 일을 더 복잡하게 할 수도 있다. 따라서 먼저 전략적 사고에 대한 정의를 내림으로써 그 과정을 시작하는 것이 좋을 듯하다. 전략적 사고란 경쟁 우위를 확보하기 위해, 경영 과정에서 통찰력을 갖고 새로운 계획을 세워 적용하는 것이다.

통찰력은 한정된 자원을 효율적으로 배분하기 위해서 필요하다. 이렇듯 전략적 사고의 핵심은 통찰력이다. 통찰력은 일상적인 업무에 역동적인 아이디어를 적용해 경쟁력 있는 비즈니스로 만드는 것이다. 결과를 중시하는 요즘 같은 시대에는 쳇바퀴 돌듯 같은 업무를 같은 방법으로 처리한다. 발전이라고는 일의 속도를 높이는 것뿐이다. 여기서 발생하는 문제는 때로는 효과적이지 못한 방법을 반복함으로서 자원을 낭비한다는 점이다.

예컨대 업무를 페라리에 비유해 보자. 전략은 핸들이고 통찰력은 열쇠 역할을 한다. 통찰력이 없는 비즈니스는 열쇠 없는 페라리와 같다. 겉으로 보기에는 훌륭해 보일지 몰라도 아무데도 갈 수 없는 쓸모없는 자동차가 되는 것이다.

또한 통찰력은 경험과 전문지식을 연결하는 다리 역할을 한다. 한 예로 미국의 우체국은 1789년 사업을 시작한 이래로 220년 동안 배달 업무를 해왔다. 하지만 매년 잘못된 주소로 배송되거나, 물품의 손상 또는 분실 등의 실수를 되풀이한다. 반면에 페덱스(Fedex)는 배달 사업을 시작한지 겨우 38년 밖에 되지 않았다. 하지만 이 회사는 99.8%에 이르는 정확도를 자랑하며 이 업계에서 일대 혁신을 일으켰다. 그 결과

페덱스는 세계적으로 가장 신뢰할 수 있는 운송업체로 자리 매김 했다.

전문지식이 없는 경험은 아무런 변화를 이끌어내지 못한다. 40년 동안 숨을 쉬어왔다고 해서 매년 숨 쉬는 능력이 향상되는 것은 아니다. 그래서 경력에만 의존할 게 아니라, 비즈니스에 대해 능동적인 통찰력을 기르는 노력이 필요한 것이다. 통찰력은 전문지식과 경험의 가교 역할을 한다. 이를 통해 만들어진 전략적 사고를 하루하루의 업무에 적용해야 하는 것이다.

> Dive master practice
>
> ! 비즈니스에 대한 통찰력은 어떻게 기를 수 있을까? 당신은 통찰력을 얻기 위해 어떤 노력을 하는가? 지난 달 비즈니스에서 얻게 된 가장 중요한 세 가지의 교훈은 무엇인가?

미국 우체국의 사례에서 살펴본 것처럼, 오랜 경험이 성공을 보장한다는 오류는 쉽게 범할 수 있다. 이는 직원 채용 과정에서도 흔히 발생한다. 경력은 채용과정에서 가장 우선적으로 평가되는 항목이다. 하지만 80년간의 연구결과를 보면 경력은 업무를 성공적으로 수행하는 능력을 예측하는 요소 중에서 5번째에 불과했다.

한 예로 7년 전 '화이자(Pfizer)'의 최고경영자 자리에 세 사람이 지원한 적이 있었다. 지원자 중 두 사람은 제약 업계에서 35년 이상의 경력을 갖고 있었다. 하지만 나머지 한 사람은 고작 4년의 경력만 갖고 있었다. 그런데 예상과는 달리 화이자의 이사회는 변호사이자 제약 업계에서 경력이 4년밖에 되지 않았던 제프리 킨들러(Jeffery Kindler)를 최고경영자로 발탁했다. 화이자 제약의 이사인 스탠리 아이켄베리(Stanley Ikenberry)는 그를 발탁한 이유를 다음과 같이 말했다. "제약 시장은 급변하고 있었고, 그가 효과적으로 대응할 수 있는 전략적 사고를 갖고 있었기 때문이다."

경력을 콜레스테롤에 비유하면, 능동적으로 일을 해온 경력은 좋은 콜레스테롤(HDL)이라고 할 수 있다. 수동적으로 시간만 보낸 경력은 나쁜 콜레스테롤(LDL)이 될 것이다. 능동적인 경력을 쌓으려면 끊임없이 현재의 능력과 권한을 넘어서는 도전을 해야 한다. 자신의 성장을 평가하고 원하는 위치에 도달하려면 발전을 위해 어떤 노력들을 해야 할지 늘 고민해야 하는 것이다.

반면 수동적인 경력이란 발전을 위한 어떤 노력도 없이 형식적으로 일을 하는 것이다. 다시 말해, 통찰력을 얻으려는 노력을 하지 않고, 그저 연차만 늘려가는 것이다. 아무런 발전과 성과가 없이 경력만 늘려가는 영업사원, 교회 성가대, 또는 주말에만 연습하는 골프 선수들을 생각해 보라. 수동적인 태도에서 능동적인 태도로 변하려는 노력이 없으면 그 어떤 경력도 무의미해진다. 추진력이나 열정을 갖지 않고 경력에만 초점을 맞춘다면 얻어지는 결과물은 평범함의 연속일 뿐이다. 하지만 지금이라도 늦지 않았다. 지금부터 통찰력을 기르려는 노력을 한다면, 전문성을 가진 사람으로 변할 수 있을 것이다.

노벨상을 수상한 독일의 경제학자 라인하르트 젤텐(Reinhard Selten)은 이렇게 말했다. "대학생들과 많은 경력을 자랑하는 경영자들의 업무 결정 능력을 비교하면 항상 대학생들이 월등히 나은 결과를 낸다. 통찰력을 기르지 않고 쌓은 경험에 의존하면 의존할수록 잘못된 결정을 내리기가 쉽다. 하지만 경력이 부족할 경우, 그것을 보완하려고 더 치밀하게 체계적으로 고민한다."

자신의 분야에서 20년 이상의 경력을 쌓은 경영자들은 이런 연구 결과는 현실에서 맞지 않는다고 말할지 모른다. 하지만 '통찰력 없이 쌓은 경험'에 대해 다시 생각해 보면 왜 그런 결과가 나오는지 알 수 있다. 어떤 경력도 전략적 사고와 경험을 통해 통찰력을 기르지 않으면 무용지물이 된다. 또한 경력이 전문성으로 발전하지도 않는다.

걸프 전 때 미군 병참 사령관이었던 거스 파고니스(Gus Pagonis) 장군은 "깊이 있는 전문성과 통찰력 없이 성공할 수 있는 리더나 군대, 기업은 없다."고 했다.

앨버트 아인슈타인도 똑같은 일을 되풀이하면서 다른 결과를 기대한다는 것은 미친 짓이라고 했다. 경영도 마찬가지다. 매면 똑같은 방식과 시대에 뒤떨어진 전략으로 뛰어난 성과를 기대한다는 것은 미친 짓이 아닐까? 기업은 통찰력을 기를 수 있는 훈련과 혁신적인 방법을 제시하지 않는다. 그러면서 눈부신 성장과 수익을 기대한다. '성장은 혁신적인 개선을 통해 가능하다'는 단순한 진리를 소홀히 하는 것이다.

새로운 개념이나 수단을 제시하지 않으면서 발전과 성장을 기대할 수 있을까. 이는 농부가 씨앗을 뿌리지 않고 풍성한 수확을 기대하는 것과 같다. 똑같은 방법으로 열심히 일하기만 하면 발전할 것이라고 생각하는 것은 낡은 사고방식이다. 당신은 일이 바쁘다는 핑계로 자기 개발과 도전을 게을리 해왔는가? 그렇다면 지금부터라도 새로운 전략을 갖고 일을 해라.

장자는 이렇게 말했다. "사람이 자신의 모습을 보려면 흐르는 물이 아닌 고요하게 정지된 물에 자신을 비춰봐야 한다. 정지된 것만이 다른 것을 담을 수 있기 때문이다." 잠시 휴식을 갖고 현재 맡고 있는 업무에 대해 곰곰이 생각하고 평가해 보라. 그렇게 하면 앞으로 더 효과적이고 전략적으로 일할 수 있는 계기를 마련할 수 있게 될 것이다. 사람들은 적성에 맞지 않는 일, 자신의 능력을 과소평가하는 회사, 자신을 만족시켜주지 못하는 회사에 다닌다는 고민을 떨쳐내고 싶어 한다. 그래서 정신없이 일에 파묻혀 살아왔을 수 있다. 하지만 잠시 멈춰서 진지하게 현실을 바라보라. 그러면 미래의 삶과 일을 위한 지혜로운 결정을 내릴 수 있게 될 것이다.

경영자의 전략적 사고 능력은 오늘날의 역동적인 경제에서 꼭 필요한 요소이다. 전략적 사고 능력은 단순히 전략적으로 계획을 세우는 것과는 차원이 다르다. 전략적 계획이란 통찰력을 갖고 목표를 달성하기 위해 연간계획을 세우는 것이다. 전략적 사고는 모든 일에서 항상 필요하며, 전략적 계획은 연초에 한 번만 세우면 된다. 맥길 대학교의 헨리 민츠버그(Henry Mintzberg) 교수와 캘리포니아 주립대학교의 리처드 루멜트(Richard Rumelt) 교수와 같은 경영학자들은 전략적 계획 수립에 대해 비판적이다. 왜냐하면 대부분의 전략적 계획들은 매년 반복되는 과정일 뿐이기 때문이다. 또한 부족함을 보완하지 않는 채 관행처럼 이뤄지기 때문이다. 루멜트 교수는 다음과 같이 지적한다.

"기업의 전략적 계획은 대부분 아무런 전략이 없는 채로 수립된다. 단순히 향후 3년 또는 5년간 필요한 예산을 배분하고, 시장의 미래를 예측하는 형식적인 절차일 뿐이다. 이 같은 전략 계획을 전략적인 사고의 증거물로 삼는 것은 잘못이다."

전략적 계획은 각 부서에 할 일을 늘리기만 한다. 이에 반해 전략적 사고는 같은 비즈니스를 다른 관점에서 바라보는 과정이다. 즉 다른 관점으로 살펴보는 것일 뿐이므로 업무량을 늘리지 않는다. 전략적 사고를 통해 같은 일도 더 효과적으로 처리할 수 있고, 업무 분석 능력을 향상시켜 준다. 민츠버그 교수는 "전략적 계획은 전략적 사고와 완전히 다르다. 심지어 전략적 계획은 숫자 조작과 결과에 치중함으로써, 기업의 미래를 위한 전략적 사고를 방해하기까지 한다."고 말한다.

전략 개발은 기획에서 실행까지 5개의 과정으로 이뤄지는데, 전략 계획은 그 과정중의 하나 일뿐이다. 또한 전략 계획은 주기적으로 행해

지지만, 전략적 사고는 늘 이뤄져야하는 사고의 혁신이다. 전략적 사고를 개발하려면 이번 장의 후반부에서 설명할 세 가지의 훈련들이 지속적으로 이뤄져야 한다. 이외 동시에 기업의 경쟁력을 높이기 위한 통찰력을 기르는 노력도 해야 한다.

전략적 사고방식을 가진 사람들의 4가지 유형

당신은 동료, 상사, 고객, 거래처 사람들을 매일 만나면서 전략적 사고는 사람에 따라 다르다는 것을 알 수 있을 것이다. 전략적 사고에 대한 이해를 돕기 위해 154개 회사의 고위 간부들을 대상으로 실시한 연구 결과를 여기서 살펴보려고 한다. 전략적으로 사고하는 사람들은 크게 4가지 유형으로 나눌 수 있다. 이를 통해 사람들이 어떤 식으로 전략적 사고를 하는지 파악할 수 있다. 또한 전략적 안목을 평가하기 위해서는 '통찰력 발휘 효과'와 '통찰력 발휘 횟수'를 파악할 필요가 있다.

전략적 사고방식의 유형은 수중 다이빙에 빗대어 설명할 수 있다. 아래 그림에서 알 수 있듯이 다이버에는 4가지 유형이 있다. 마찬가지로 전략적 사고도 4가지 유형으로 분류할 수 있다 (그림 1.1 참조).

1. 모래사장 형

이들은 해변에 앉을 뿐 아예 물에 들어가려 하지 않는다. 이런 유형의 경영자들은 일에서 아무런 통찰력도 발휘하지 못한다.

연구 결과에 따르면 경영자의 9퍼센트가 이런 유형이라고 한다.

2. 스노클러(Snorkelers) 형

이들은 다이빙을 위한 마스크와 물갈퀴를 신고도 해수면에서만 맴돈다. 이런 유형의 경영자들은 어떤 해결책을 제시하지만, 그 해결책은 비즈니스에 별다른 도움이 되지 않는다. 수박 겉핥기 식으로 문제에 접근하기 때문에 문제의 핵심을 좀처럼 다가가지 못하는 것이다. 조사결과 평균적으로 경영자들의 26퍼센트가 이런 유형에 속한다.

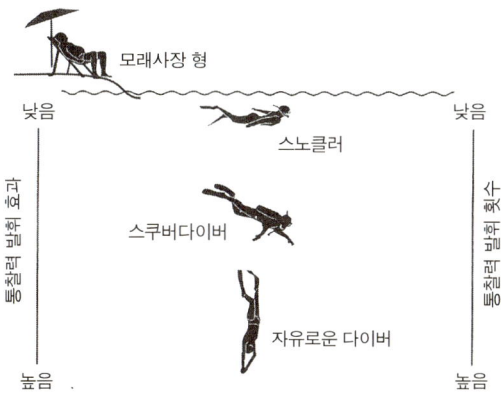

(그림 1.1) 전략적인 사고의 4가지 유형

3. 스쿠버다이버(Scuba Divers) 형

이들은 다이빙 마스크, 물갈퀴, 그리고 이동식 산소 탱크까지 갖추고 수면 아래로 잠수한다. 이런 유형의 경영자들은 누군가의

지도와 지원이 있을 때는 전략적 통찰력을 가진 해결책을 제시한다. 또한 이런 유형의 경영자들은 전략 회의 등이 마련된 환경에서만 성공적인 전략을 제시한다. 이들은 회의 전에 철저한 조사를 해야 하며 명확한 모델을 적용해야만 통찰력을 발휘한다. 하지만 환경과 지원이 충족될 때만 통찰력을 발휘하기 때문에 자신들의 능력을 자주 발휘하지는 못한다. 연구 결과에 따르면 운영자들의 32퍼센트가 이런 유형으로 나타났다.

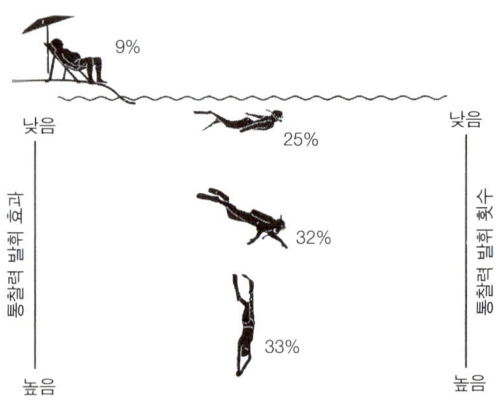

(그림 1. 2) 전략적 사고의 각 유형별 평균 비율

4. 자유로운 다이버(Free Divers) 형

이들은 산소 탱크의 도움 없이도 더 깊은 곳에 도달하기 위해 도전정신을 갖고 잠수한다. 많은 경영자들은 이런 유형의 전략적 사고를 원한다. 이들은 지속적으로 비즈니스에서 효과적인 통찰력을 발휘한다. 또한 비즈니스 모델을 통해 생각을 체계적으로 정리하면서도 거기에 의존하지 않는다. 그러면서도 놀라운 안목으로 끊임없이 새로운 전략들을 제안한다. 연구결과 10명의 경영자들 가운데 불과 3명 정도만이 이 유형에 속하는 것으로 나타났다(그림 1.2 참조).

언뜻 보기에 자유로운 다이버 유형처럼 지식과 모델들에 의존하면 전략적 사고를 하기 어려울 것이라고 생각하기 쉽다. 이 두 요소가 큰 영향을 미치는 것은 사실이다. 하지만 다른 이유들이 존재한다. 전략적 사고를 하고 실행하려면 도전에 따른 위험을 감수하는 자세가 필요하다. 전략을 실행하려면 고도의 집중력과 때로는 위험부담이 큰 투자도 필요해진다. 그러나 대부분의 경영자들은 안정적인 선택을 함으로서 도전에 따른 실패의 확률을 줄이려고 한다. 즉 자신의 지위를 유지하고 승진을 위태롭게 만들지 않으려고 전략적 사고를 피한다. 이 때문에 많은 기회들을 놓치게 된다.

위험을 감수하고 도전하면 실패할 수 있다. 그러나 위험을 무릅쓰려 하지 않고 도전을 피하면 반드시 실패한다. 그리고 세상에서 가장 어리석은 일은 아무런 도전도 하지 않는 것이다.

> Dive master practice
>
> ! 당신의 일상적인 업무 활동을 떠올려 보라. 업무를 진행하는 방법을 바꿀 수 있도록 발상을 전환할 수 있는 기회가 자주 있는가? 그런 통찰력을 갖게 되는 것이 업무의 효율을 높일 것이라고 생각하는가? 당신은 전략적으로 생각하는 사람들의 유형 중에 어디에 속하는가? 또 당신의 동료들은 어떤 유형에 속하는가?

전략적 사고의 평가

유능한 경영자는 가능성이 있는 도전에 대해 기꺼이 위험을 감수한다. 또한 효과적인 전략을 세울 수 있어야 한다. 유능한 전략가인지 아닌지에 대한 평가를 위해 몇 가지 질문들을 고려해 보자. 의사가 진찰을 통해 환자를 진단하고 처방전을 쓰듯, 전략적 사고와 전략 기술에 대한 평가를 하려면 적절한 질문이 필요하다.

여기서는 객관적인 방법으로 경영자의 전략적 사고 능력을 평가하기 위한 질문을 제공한다. 이를 통해 10가지의 전략적 사고 기술과 각 기술 별로 5가지의 질문 문항을 살펴보기로 하자 (그림 1.3 참조).

1. 전략: 뛰어난 전략의 세 가지 기준인 감각, 배분, 그리고 실행의 숙련된 정도(이에 대한 자세한 설명은 후반부에서 설명).
2. 통찰력: 비즈니스에 관해 끊임없이 새로운 아이디어를 제안함.
3. 배경: 현재 상황을 정확히 파악함.

(그림 1.3) 10가지 전략적 사고 기술

4. 경쟁우위: 뚜렷하게 차별화되는 전략을 제안함.
5. 가치: 제안하는 것의 손실과 이득을 정확히 파악함.
6. 자원 분배: 예산, 능력, 시간 등의 자원을 효과적으로 배분하는 능력.
7. 모델링: 비즈니스의 핵심을 정확히 제시함.
8. 혁신: 고객들을 위한 혁신적인 가치 창조.
9. 목적: 기업의 사명, 비전과 가치의 개발.
10. 정신적 민첩성: 임기응변에 능하고, 변화에 적응하며, 역경을 이겨내는 능력.

전략적 사고를 위한 평가는 전략적 사고 능력을 기르기 위한 노력의 일환이다. 그리고 전 세계의 수많은 경영자들에게 적용해 왔다. 경영자들에게 이 평가를 적용할 결과, 100점 만점에 평균 58점이었다. 기업에서 전략적 사고를 위한 교육에 많은 투자를 하지 않았다는 사실을 고려할 때, 이런 결과는 그다지 놀랄만한 일도 아니다.

다음은 평가서에서 발췌한 질문의 몇 가지 예이다.

1. 성공적인 비즈니스 전략이란
   A. 경쟁에서 이기는 것.
   B. 올바른 인재를 버스에 태우는 것.
   C. 차별화를 통해 경쟁력을 기르는 것.

2. 경쟁 우위 확보를 위한 방법 중 하나는
    A. 가격을 낮춤으로 경쟁력을 높이는 것.
    B. 고객의 가치 선호도를 변화시키는 것.
    C. 경쟁사들을 벤치마킹하여 모범적인 사례를 적용하는 것.

3. 경위를 정의한다면 _____ 다
    A. 비즈니스 중에 발생한 구체적인 문제.
    B. 어떤 사건이 발생한 환경.
    C. 기업의 강점과 약점과 균형을 이루는 위기와 기회들.

4. 기업 내의 가치, 사명, 비전의 목적은
    A. 일상적인 비즈니스 활동에 영향을 미친다.
    B. 존재하지 않는다.
    C. 설사 존재한다고 해도 실질적인 업무에 거의 영향을 주지 않는다.

5. 기업인으로서 지켜야 할 세 가지 가치는
    A. 수익 성장, 매출 총이익, 자본 수익률
    B. 고객 친밀도, 탁월한 경영, 생산적인 리더십
    C. 운영의 효율성, 저비용 리더십, 혁신

위의 평가서를 통해 알수있 듯 '전략'이라는 단어를 업무 중에 사용하는 것과 실질적으로 전략적 사고를 실천하는 것에는 큰 차이가 있다.

전략적 사고를 기르기 위한 세 가지 훈련

무의식 중에는 전략적으로 생각할 수 없다.

마이클 포터(Michael Porter), 하버드 경영대학 교수

지금까지 살펴봤듯이 전략적 사고는 경쟁 우위를 위해 비즈니스적인 안목을 발휘하고 적용해 나가는 과정이다. 하지만 정의를 안다고 해서 전략적 사고를 실제로 적용할 수 있는 것은 아니다. 그래서 전략이라는 추상적인 개념에 접근할 때 구체적인 모델에 적용해 보는 것이 효과적이다. 연구에 따르면 전략적 사고는 다음 세 가지 과정을 훈련함으로서 향상시킬 수 있다. (아래 그림 1.4 참조).

1. 안목(Acumen): 비즈니스 안목과 통찰력을 키워줌.
2. 배분(Allocation): 예산과 자원의 분배에 중점을 둠.
3. 실행(Action): 목표 달성을 위한 전략을 실행함.

위의 세 가지 요소는 전략적 사고를 실생활에 적용할 수 있도록 해준다. 경쟁 사회에서 필요로 하는 정신력, 민첩성, 그리고 자신감도 불어넣어 준다.

이 세 가지 요소들을 훈련시킨다고 말한 것에는 이유가 있다. 이메일, 음성 메시지 등과 같이 정보가 넘쳐나는 시대에는, 훈련만이 방향성을 확립하는 가장 좋은 방법이다. 훈련은 사원들에게 목적의식을 갖게 하고 과거를 돌아보며 개선할 부분을 찾게 한다. 게다가 훈련을 통해 의미 없이 시간을 낭비하지 않게 하고 중요한 비즈니스에 집중할 수

있다. 체스 챔피언, 세계적인 음악가 및 스포츠 스타들은 끊임없이 훈련을 통해 자신을 연마한다. 전략적 사고도 마찬가지다. 기업이 성공하고 싶다면 반드시 전략적 사고를 위한 훈련을 해야 한다.

이 책의 나머지 부분은 전략적 사고를 기업에 실제적으로 적용하는 방법들에 초점을 맞춘다. 제3장부터 5장까지는 위의 세 가지 요소들을 집중적으로 다룰 것이다. 이에 앞서 제2장에서는 전략에 대해 설명하며 전략적 사고의 핵심 개념들을 살펴볼 것이다.

(그림 1.4) 전략적 사고의 세 가지 요소

memo

이번 장의 핵심 내용

- 전략적 사고란 경쟁 우위 확보를 위해 통찰력을 갖고 새로운 아이디어를 이끌어내어 적용하는 경영의 과정이다.
- 성장과 발전은 혁신적인 사고의 변화를 통해 이루어진다.
- 전략 계획은 전략적 사고를 통해 통찰력을 갖고 기업의 목표와 목적 달성을 위한 실행 계획을 세우는 과정이다.
- 전략적인 사고를 하는 사람들은 4가지 유형으로 분류할 수 있다.
  1. 모래사장 형은 비즈니스에서 어떤 통찰력도 발휘하지 못한다.
  2. 스노클러 유형의 경영자들이 제안하는 해결책은 비즈니스에 의미있는 영향을 미치지 못한다.
  3. 스쿠버 다이버 유형의 경영자들은 지도와 지원이 있을 때만 전략적 통찰력을 발휘하고 해결책을 제시한다.
  4. 자유로운 다이버 유형의 경영자들은 놀라운 통찰력을 발휘하며, 지속적으로 기업에 이득이 되는 효과적인 전략을 제시한다.

전략적 사고의 10가지 기술들

1. **전략** : 뛰어난 전략의 세 가지 기준인 감각, 배분, 그리고 실행의 숙련된 정도.
2. **통찰력** : 비즈니스에 관해 끊임없이 새로운 아이디어를 제안함.
3. **배경** : 현재 상황을 정확히 파악함.
4. **경쟁우위** : 뚜렷하게 차별화되는 전략 제안함.
5. **가치** : 제안하는 것의 손실과 이득을 정확히 파악함.
6. **자원 분배** : 예산, 능력, 시간 등의 자원을 효과적으로 배분하는 능력.
7. **모델링** : 비즈니스의 핵심을 정확히 제시함.
8. **혁신** : 고객들을 위한 혁신적인 가치 창조.
9. **목적** : 기업의 사명, 비전과 가치의 개발.
10. **정신적 민첩성** : 임기응변에 능하고, 변화에 적응하며, 역경을 이겨내는 능력.

전략적 사고를 기르기 위한 세 가지의 훈련

1. **안목(Acumen)** : 비즈니스 안목과 통찰력을 키워줌.
2. **분배(Allocation)** : 예산과 자원의 분배에 중점을 둠.
3. **실행(Action)** : 목표 달성을 위한 전략을 실행함.

CHAPTER 02
전략적 사고를 위한 준비

바닷물에 염분이 녹아 있듯 우리 혈액에도 염분이 존재한다.
땀, 눈물, 그리고 혈액에는 염분이 함유되어 있다.
우리는 이처럼 바다와 분리될 수 없는 존재다.
바다를 바라볼 때, 항해를 할 때, 그리고 나중에 죽어서
바다에 뿌려질 때, 우리는 바다와 관계를 또 이어간다.

존 F. 케네디(John F. Kennedy), 미국 35대 대통령

밥 바커는 인기 퀴즈 프로그램 '그 가격은 적절한가?(The Price Is Right)'라는 프로그램을 오랫동안 진행해왔다. 많은 사람들은 그가 은퇴하자 무척 아쉬워했다. 만약 경영자들에 대한 '그 전략은 적절한가?'라는 퀴즈 프로그램이 있다면 어떤 시나리오를 예상할 수 있을까?

진행자: 자! 시청자 여러분 웬디스(Wendy's)의 최고경영자인

케리 엔더슨을 박수로 맞아 주십시오. 케리 씨, 평생 동안 먹을 수 있는 양의 초콜릿이 걸린 문제입니다. 당신의 기업 전략은 무엇입니까?

앤더슨: 저희 회사의 세 가지 전략은 핵심 사업을 강화하고, 기술 개발에 투자하며, 비용을 절감하는 것입니다.

진행자: 땡! 아 안타깝지만 정답이 아닙니다. 말씀하신 내용은 기업의 목표일뿐 전략이라고 할 수 없겠죠. 하지만 참가에 대한 보답으로 맥도날드 햄버거 세트를 드리겠습니다. 그 동안 맥도날드는 웬디스와 경쟁하며 많은 수익을 올렸으니, 상품 정도는 협찬해 주는 것이 공평할 듯 하네요.

자, 그렇다면 다음으로 메이시스(Macy's) 백화점 북부 사업부의 전 회장이신 프랭크 가제타 씨를 무대로 모시겠습니다. 이 백화점은 전통과 역사가 깊은 마셜 필즈(Marshall Field's)를 인수 합병한 후에, 그 브랜드를 무참히도 폐기해 버린 걸로 유명하죠. 프랭크 씨, 브랜드 이름을 마샬 필즈에서 메이시스 로 바꾼 후에 매출이 급격히 떨어진 것으로 알고 있습니다. 자, 그렇다면 이 상황을 극복할 전략은 무엇일까요?

가제타: 우리가 이름을 바꾼 이유는 마셜 필즈라는 브랜드에 실망하고 등을 돌린 고객층을 다시 확보하기 위한 전략 때문이었습니다.

진행자: 땡! 아, 아쉽습니다만. 그런 걸 전략이라고 하기는 어려울 듯하네요. 그건 단지 기업의 기대였을 뿐 전혀 가망이 없는 비즈니스를 추진하셨습니다. 참가에 대한 보답으로 마셜 필즈, 아니, 메이시스 캔디 세트를 드리겠습니다. 맛있게 드세요!

자, 이제 '그 전략은 적절한가?'에 대한 마지막 참가자를 모시겠습니다. 화이자(Pfizer) 제약의 전 최고경영자이신 행크 맥키넬 씨를 무대로 초대하겠습니다. 맥키넬 씨! 당신은 세계에서 가장 큰 제약회사에서 일하면서 어떤 전략을 사용했나요?

맥키넬: 우리의 전략은 현 시대의 경쟁 환경에서 살아남는 것이었습니다.

진행자: 땡! 죄송하지만 살아남는다는 것은 너무 극단적인 단어 선택인 것 같군요. 최고경영자의 자리까지 오른 분이 기업 전략을 단순히 살아남는 거였다고 표현하신 것도 다소 실망스럽군요. 그럼. 참가 선물로 커피 머그잔을 드리겠습니다. 아! 잠시 만요. 맥키넬 씨가 재임하신 동안 회사 주식이 40퍼센트나 떨어졌군요. 그런데도 2억 달러의 퇴직금은 챙기셨네요. 음, 그렇다면 이 머그잔은 그냥 저희가 갖겠습니다.

자, 여러분! 그럼 오늘은 여기서 마무리하겠습니다. 다음 주에 다시 찾아 뵐 때까지 전략적 사고를 하시길... 감사합니다!

전략적 사고를 방해하는 요소

위에서 꾸며본 가상의 상황에서 알 수 있듯이, 세계적인 기업의 경영자들도 항상 전략적 사고를 하는 것이 아니다. 그 이유는 크게 세 가지로 나눠 볼 수 있다. 즉 전략적 사고를 하지 못하는 이유는 ①추상적인 생각, ②서로 다른 정의, 그리고 ③지식의 부족 때문이다.

첫째, 전략이란 추상적인 개념이다. 추상적인 개념은 다양한 해석의 여지가 있다. 둘째로, 기업마다 전략을 다르게 정의한다. 한 기업 내의 다른 부서들조차도 전략을 다르게 이해한다. 사람들은 부서를 옮기고 이직을 하면서 각각 다른 전략에 대해 접근한다. 마지막으로 많은 기업들이 커뮤니케이션, 고객관리, 세일즈 등의 운영과 관련 교육에 치중한다. 그 대신 전략 기술 개발에는 투자를 하지 않는다. 그래서 전략을 바르게 이해할 수 있도록, 전략에 관한 몇 가지의 오해들을 살펴보도록 하겠다.

다음은 전략이라고 볼 수 없는 것들이다.
- 포부: 기업의 목표, 목적, 또는 비전
- 모방: 독창적이고 차별화된 개발보다는 다른 회사의 성공사례를 모방하여 보완하면서 경쟁.
- 신중: 결정을 미루고 새로운 도전을 위해 조금의 위험도 감수하려 하지 않는 것.

➡ 포부

종종 전략을 기업이 세운 목표나 목적 또는 비전과 혼동하는 경우가 있다. '시장을 리드하는 기업으로의 성장', 또는 '새로운 비즈니스의 추진' 등과 같은 목표를 전략으로 포장하는 경우를 자주 볼 수 있다. 이루려는 그 '무엇'은 그것을 이뤄가는 '과정'인 전략과는 완전히 다르다.

➡ 모방

다른 기업의 성공사례를 모방하여 보완하는 것은 성공할 가능성이 크며 운영상 중요한 역할을 한다. 하지만 이것을 전략으로 혼동한다면 큰 오류를 범할 수 있다. 매번 다른 기업의 성공 사례만을 적용하여 신상품을 기획한다면 그 기업에서는 더 이상 전략이라는 개념을 찾아볼 수 없게 될 것이다. 또한 소비자의 입장에서는 늘 유사한 상품만을 접하게 되어, 경쟁력을 좌우하는 것은 결국 가격만 남게 된다.

➡ 신중

신중한 자세를 전략으로 볼 수는 없다. 혁신적인 기획을 추진하고 위험을 감수하며 새로운 도전을 하지 않는다면 아무런 전략도 없는 것이다. 승진을 목전에 둔 관리자는 모든 부서를 만족시키기 위해 예산을 동일하게 배정한다. 그래야만 불만을 표시하는 사람들이 생기지 않기 때문이다. 하지만 이런 방법은 안전할 수는 있지만 목돈을 여러 투자 유형에 동일하게 투자한 것이나 같다. 이는 단기간에 일시적인 수익은 낼 수는 있지만 높은 수익의 가능성이 있는 곳에 많이 투자한 사람에 비해 장기간의 수익은 현저히 떨어진다. 때로는 도전으로 인해 자원,

수익, 또는 승진의 무산이라는 손실을 얻게 될 수도 있다. 이 때문에 많은 관리자들이 신중을 핑계로 전략을 세우지 않는다.

'전략 매거진(Strategy Magazine)'이 천여 명의 경영자들을 조사해 보았다. 그 결과 50퍼센트의 경영자들이, 회사의 고위 경영진들이 만족할 만한 전략을 세우고 추진할 능력이 없다고 평가했다. 또한 '롱 레인지 기획'(Long Range Planning)'을 통해 발표된 연구 결과도 비슷하다. 40퍼센트의 기업들이 전략 개발을 할 수 있는 공식적인 절차가 전혀 없는 것으로 드러났다. 이는 다음과 같은 상황들과 유사하다.

- 길 위를 달리는 자동차 10대 중 4대는 핸들이 없다.
- 미식 축구팀 10팀 중 4팀은 플레이북(팀의 게임 작전을 기록한 책)이 없다.
- 패션 디자이너 10명 중 4명은 색맹이다.(최근에 남성복 매장을 방문해 보았다면 이런 사실을 충분히 의심해 볼 수 있을 것이다)

이런 조사 결과를 살펴보면 왜 많은 기업들이 평범함을 벗어나지 못하며 부진한 성과를 내는지 알 수 있을 것이다. 전략은 포부, 모방, 그리고 신중과는 다른 개념이다. 이를 알면 경영을 좀 더 효과적으로 할 수 있을 것이다. 만약 이를 간과하면 위에서 살펴본 가상의 게임 쇼의 시나리오처럼, 참가에 따른 경품만을 받고 쓸쓸히 퇴장해야하는 경영자가 될 것이다.

부모가 되면 자신의 아이만은 천재라고 생각한다. 하지만 여느 아이들처럼 모래를 시리얼 인줄 알고 먹는 모습을 보고나면 현실을 직시하게 된다. 즉 자신의 아이가 '타고난 천재'가 아니라는 사실을 깨닫게 된다. 기업은 전략을 평가할 때 부모와 같은 마음으로 할 것이다. 자신들이 기획한 전략은 처음에는 완벽해 보일 것이다. 하지만 경쟁자들이 자신들만의 전략으로 시장과 소비자를 빼앗아 가면 비로소 위기의식을 느낀다. 그리고 그제야 새로운 기획을 하려고 안달을 부린다. 하지만 전략적 사고가 없기 때문에 제자리만 맴도는 진부한 기획들만 속출하고 회사는 전전긍긍하게 된다.

> 전략은 포부, 모방, 그리고 신중과는 다르다는 것을 기억하라.

전략의 정의

어려운 의사결정을 해야 할 때, 전략의 기초부터 다시 살펴보는 것이 좋다. 비즈니스 전략이란, 한정된 자원을 독자적인 방법으로 효과적으로 배분해서, 소비자들에게 최상의 서비스와 가치를 제공하는 것이다. 이렇게 함으로써 기업은 경쟁력을 높일 수 있다.

➡ 자원을 배분하는 과정

전략을 이루는 요소들은 다양하다. 그 중에서 첫 번 째는 한정된 자원을 효과적으로 배분하는 것이다. 자원에는 기업의 자산과 재정이라는 유형의 자원, 기업 문화, 브랜드 가치, 인지도 등과 같은 무형 자원,

그리고 지식, 능력, 기술이라는 인적 자원이 있다.

자원이 한정되어 있을 경우 가장 먼저 줄이려고 시도하는 것이 유형의 자원이다. 부서들은 이 난국에 좀 더 많은 예산을 배정 받으려고 노력한다. 하지만 이때 자주 간과되는 부분이 시간과 재능이라는 인적 자원의 활용이다. 많은 경영자들이 자신들의 시간과 재능이 실제로 어떻게 사용되는지를 확인하고 나면 적잖이 놀란다. 그 이유는 회사의 목적을 달성하는데 있어서, 실제적으로 도움이 되지 않는 일들에 너무 많은 시간을 사용하기 때문이다. 기업은 불분명한 목적을 가진 활동과 잘못된 전략으로 인해 해마다 막대한 손실을 입는다. 그러나 성공적인 기업들은 다르다. 모든 사원들의 업무가 기업 활동과 방향에 어떻게 기여하는지 명확히 보여준다. 또한 사원이라는 인적 자원을 충분히 활용할 수 있는 전략을 세운다. 보유하고 있는 자원의 사용 내역을 정기적으로 확인함으로서 이익과 생산성을 향상시킨다.

하버드대학 경영대학원의 데이비드 콜리스(David Collis) 교수와 신시아 몽고메리(Cynthia Montgomery) 교수는 이렇게 지적한다.
"전략은 시장의 흐름에 따라 자원을 효율적으로 배분하고 경쟁사의 기세를 약화시키는 것이다. 즉 자원과 능력은 전략에서 핵심적인 역할을 한다. 또한 기업의 자원 분배는 경영자가 하는 핵심적인 역할이며, 비즈니스의 상황에 따라 자원을 효율적으로 분배할 수 있어야 한다."

➡ **독보적인 기업 활동**

전략을 정의하는 두 번째 요소는 독자적인 활동 체계이다. 그런데 경영자들이 가장 많이 간과하는 부분은 기업의 차별화를 만들어 내는 것이다. 차별화를 통한 경쟁력은 과학에 기초를 둔다. 1934년 모스크바 대학의 가우스(G. F. Gause) 교수는 획기적인 연구 결과를 발표했다. 그는 병 속에 음식을 넉넉히 담은 후 그 안에 작은 동물 몇 마리를 넣었다. 이때 병에 들어간 동물들이 같은 속(屬)이지만 다른 종(種)일 경우, 동물들은 서로 평화롭게 잘 살았다. 하지만 동물들이 같은 종과 속일 경우 동물들은 공존할 수 없었다. 이 결과를 통해 그는 '경쟁적 배제이론(Principle of Competitive Exclusion: 서로 다른 생명체가 동일한 방법으로 공존하며 살 수 없다는 이론)'을 제창하게 된다.

신문에서 어려움을 겪고 있는 회사들에 대한 기사를 자주 접할 것이다. 하나 같이 이 '경쟁적 배제이론'으로 인한 위기를 겪고 있는 것이다. 어려움을 겪는 회사들은 하나같이 경쟁사들과 똑같은 방법이나 전략으로 비즈니스를 하기 때문에 어려움을 겪는다. 제너럴 일렉트릭(GE)의 최고 경영자인 제프 이멜트(Jeff Immelt)는 차별화의 중요성을 간파하고 다음과 같이 말했다. "GE의 성공을 위해서는 다른 회사와 다른 관점을 갖고, 다른 전략을 세우고, 차별화된 운영이 필요하다." 여기서 주목할 점은 그가 '차별화'라는 단어를 사용하면서, 성공의 요소를 다른 기업과는 다른 경영이 필요하다고 강조한 점이다.

가수 겸 작곡가로 유명한 자니 캐시(Jonny Cash)와 미니쿠퍼(Mini

Cooper)의 공통점은 무엇일까? 자니 캐시는 놀라운 가창력을 갖고 있지 않으며 미니쿠퍼 또한 성능이 뛰어난 자동차가 아니다. 그럼에도 불구하고 둘 다 주목할 만한 성공을 거뒀다. 즉, 그들이 더 뛰어났기 때문이 아니라 경쟁자들과 달랐기 때문이다.

차별화 전략을 더 발전시켜 두 개의 방법으로 나눠 보면:
1. 경쟁자와 다른 활동을 추진하는 것과,
2. 같은 활동을 경쟁자와 다른 방법으로 진행하는 것으로 나눌 수 있다.

첫 번째 방법은 1998년 넷플릭스(Netflix)가 사용했다. 넷플릭스는 고객이 직접 매장에 DVD를 빌리러 오지 않도록 비즈니스를 전개했다. 그 대신 회원 가입을 통해 인터넷으로 원하는 DVD를 주문하는 방식을 처음 도입했다. 온라인으로 DVD 대여 주문을 받아 배달하는 시스템을 정착시키고, 다양한 영화를 추천해 주는 소프트웨어를 독자적으로 개발했다. 또한 수만 개의 DVD 영화를 보유함으로써 DVD 시장에서 차별화를 모색했다.

두 번째 방법은 엔터프라이즈 렌터카(Enterprise Rent-A-Car)가 사용한 전략이다. 엔터프라이즈는 다른 경쟁사들과 마찬가지로 자동차를 대여하는 회사이다. 하지만 이 회사는 같은 활동을 다른 방법으로 전개함으로써 차별화에 역점을 두었다. 예를 들어 고객에게 직접 자동차를 배달해주었고, 작고 저렴한 사무실을 사용함으

> 조니 캐시와 미니쿠퍼가 눈부신 성공을 거둔 이유는 경쟁자들과 차별화를 이뤄냈기 때문이다.

로써 비용을 줄였다. 구형 자동차들을 구입한 다음 저렴한 값으로 대여해 주기도 했다. 이 회사는 랜트카 비즈니스에서도 얼마든지 독창적인 방법으로 경쟁자들과 차별화를 이룰 수 있다는 사실을 확인시켜 준다.

위의 두 가지 방법을 통해 살펴보았듯이, 경영자들은 차별화 전략을 위해 늘 아래와 같은 질문을 해야 한다.
1. 현재 진행하는 비즈니스 중에서 경쟁사들이 하고 있지 않는 것은 무엇인가?
2. 같은 업종의 경쟁사들과 다른 방법으로 비즈니스를 전개하는 것들은 무엇인가?

➡ **운영의 효율**

운영의 효율을 높이는 것을 전략이라고 볼 수는 없다. 효율을 높인다는 것은 경쟁사들과 유사한 방법을 사용하면서 약간 보완하거나 조금 더 빨리 일을 처리하는 것을 말한다. 하지만 전략 없이 운영의 효율만 높이는 것은 마치 달리기 경주에서 이기기를 원하는 마음만 갖고 아무런 준비 없이 임하는 것과 같다. 반면에 전략을 갖는다는 것은 이 달리기 경주에서 조금 다른 방법과 코스를 선택해서 이길 수밖에 없는 경기로 만드는 것을 의미한다.

거의 모든 기업들은 운영의 효율을 높이려고 급급해 한다. 이렇게 늘 경쟁사들과 동일한 방법으로 운영하다보면, 차별화를 갖고 업계에 뛰어드는 새로운 경쟁자들에게 영역을 빼앗길 수밖에 없다. 유나이티

드 항공(United Airlines)과 아메리칸 항공(American Airlines)이 같은 운영 방식에 의존했다. 그러다가 갓 진출한 사우스웨스트 항공(Southwest Airlines)의 차별화 전략에 무너진 것은 너무 잘 알려진 사실이다. 저자 마이클 레이노(Michael Raynor)는 차별화는 곧 수익증진으로 이어진다고 말하며 다음과 같이 덧붙였다. "캐나다 통계청 자료에서도 볼 수 있듯이 뚜렷한 차별화 전략으로 승부하는 기업들은, 명확한 전략 없이 모방과 안정만을 모색하며 적당한 위치를 유지하는 기업들보다 훨씬 더 많은 수익을 낸다."

➡ **경쟁에서 이기는 방법**

비즈니스 전략의 마지막 구성요소는 소비자들에게 경쟁사들보다 우월한 서비스를 제공하는 것이다. 경쟁과 전략은 서로 뗄 수 없는 관계이다. '경쟁'이란 단어의 어원은 'competere'로, '함께 노력하다'는 뜻을 갖고 있다. 우리는 어려서부터 경쟁에 익숙하다. 쉬는 시간에 축구를 할 때도, 수업 중에 받아쓰기 시험을 볼 때도 우리는 늘 경쟁을 한다.

어린 시절의 승리에 필요한 조건들은 키, 달리기 속도, 힘 등일 것이다. 성인이 되어 치르게 될 비즈니스에서의 경쟁은 두뇌 싸움이다. 오늘날 경쟁 우위에 이르는 요소들은 생각의 속도, 폭, 그리고 깊이이다. 어떤 시장에 속해 있던 성공을 극대화하려면, 사고의 수준을 높여야 한다. 그래서 유능한 리더들의 전략을

> 전략적인 경영자들은 차별화된 전략을 만들어내기 위해 늘 다음과 같은 고민을 한다. 현재 전개하는 비즈니스 중에서 경쟁사들이 하지 않는 것은 무엇인가? 동종 업계의 비즈니스 활동 중에서 경쟁사들과 다른 방법으로 하는 것은 무엇인가?

살펴보면 다음 세 가지의 결속력을 높이려고 노력한다는 것을 알 수 있다. ①시장, ②기업, ③개인.

➡ 시장 단계

시장 단계에서의 경쟁은 주로 다른 기업들을 둘러싸고 일어난다. 이를 산업경쟁이라고 한다. 유명 저자인 마이클 포터는 자신의 저서 '경쟁전략(Competitive Strategy)'과 '경쟁우위(Competitive Advantage)'에서 이렇게 말한다. "전략가의 임무는 경쟁 상대를 파악하고 거기에 맞는 전략을 세우는 것이다. 하지만 경영자들이 범하는 오류는 경쟁사의 범위를 너무 제한적으로 생각한다는 점이다. 또한 현재의 시장에 존재하는 경쟁사들만 고려한다는 점이다. 하지만 경쟁은 단순하게 현재의 경쟁사들뿐 아니라 비슷한 고객층과 재료 공급처를 이용하는 기업, 새롭게 시장에 진입하려는 기업, 그리고 대체 가능한 상품을 만드는 기업 등도 포함해서 고려해야 한다."

기업은 위의 경쟁 상대들과 수익을 놓고 끊임없이 경쟁한다. 위에서 언급한 모든 요소들을 분석하면, 시장 점유율을 높이기 위해서는 어떻게 해야 할지 알 수 있을 것이다. 여기서 주로 간과하는 부분이 비슷한 소비자층을 겨냥한 다른 분야의 기업들이다. 분야가 다른 기업일지라도 시장의 전체적인 이윤을 놓고 봤을 때 분명 소비자층이 겹친다. 또한 공급처에 대해서도 고려해야 한다. 상품이나 서비스를 위한 원가가 더 들거나 공급에 어려움을 겪게 되면 수익이 줄어들 수밖에 없기 때문이다. 시장에 진입하려는 새로운 기업들도 전략을 수립할 때 면밀히 고려해야 할 대상이다. 시장에 경쟁 기업들이 많아질수록 큰 수익을 창출하기 어려워지기 때문이다. 대체 가능한 상품을 만드는 기업들도 살펴봐야 한다. 만약 같은 분야의 기업들 중에서만 경쟁사들을 찾았다면 간접 경쟁사들은 큰 위협이 될 수 있다.

예를 들어 화원을 운영하는 사람에게 직접적인 경쟁자들은 지역 인근에 다른 꽃집들, 조경 센터, 그리고 온라인 화원들일 것이다. 하지만 꽃을 선물하는 것 자체를 대체할 수 있는 간접 경쟁자들의 상품도 매출에 영향을 미칠 수밖에 없다. 예컨대, 사탕 부케를 만드는 초콜릿 가게, 감사 카드를 파는 문구점, 헬륨 풍선을 파는 파티용품점, 그리고 케이크를 파는 제과점 모두 경쟁 대상이 될 수 있다. 전략을 구상할 때 시장의 직접적인 경쟁사들 뿐 아니라, 잠재적 경쟁자가 될 수 있는 모든 종류의 회사들을 고려해야 한다.

➡ **기업 단계**

기업 단계는 내부 부서들 간의 예산과 자원 배분을 놓고 벌이는 경쟁을 말한다. 경쟁은 예산분배 뿐 아니라 요구사항을 주장할 때, 기획을 추진하기 위해 노력하는 가운데서도 존재한다. 실제로 이들 요소는 회사 내부에서 심각한 경쟁을 일으킨다. 그래서 경영자가 공정하게 기회를 부여하는 분위기를 조성하지 않는다면 내부 경쟁은 심각한 위협요소가 될 수 있다. 돈, 재능, 시간을 더 많이 분배 받으려는 내부 분쟁은 외부와 벌이는 어떤 경쟁보다도 훨씬 격렬하다.

개인 단계

개인 단계는 크게 자기 자신과 소비자들로 나눌 수 있다. 소비자의 심리를 움직이는 것은 때로는 경쟁사를 능가하는 신제품을 출시하는 것보다도 어렵다.

사람의 심리에 대한 연구결과에서 알 수 있듯이 소비자가 신제품이나 서비스를 접하게 되면 일단 변화를 거부하려는 경향을 보인다. 조사에 따르면 신제품의 75퍼센트는 기대 이하의 매출을 낸다는 것만 봐도 알 수 있다.

변화를 원하지 않는 심리와 소비자들의 무관심은 또 다른 문제를 초래한다. 기업은 실험 결과를 내세우며 소비자들에게 성능이 월등히 좋은 신제품을 사용하기를 권한다. 이때 기업들은 감성적인 호소를 한다. 예를 들어 타이어 신제품을 출시할 때 타이어의 수명이 길다는 것에 초점을 맞추지 않는다. 그 대신 기저귀를 찬 아기가 타이어 안에 쏙 들어가 있는 모습을 보여주는 식이다.

개인 단계의 경쟁은 소비자뿐 아니라 자기 자신과도 일어난다. 자신에게 내제된 편견들, 경험과 윤리적 기준들이 또 다른 경쟁 상대가 된다. 362개 기업의 경영자들을 대상으로 한 설문조사에서 80퍼센트의 응답자들이 고객들에게 완벽하게 서비스를 제공한 것으로 대답했다. 그러나 고객들의 입장을 묻는 설문조사에서는 불과 8퍼센트만이 훌륭한 서비스를 받았다고 평가했다. 이런 결과에서 알 수 있듯이 개인의 편견이나 관점은 현실적인 인식을 방해한다.

지난날의 경험들도 극복해야 할 요소 중의 하나이다. 급변하는 시장과 소비자의 성향을 파악하지 못한 채 과거의 경험에 의존하면서, 당시에 성공적이었던 전략만을 내세우는 경영자들도 많다. 그러나 현재의 상태가 과거와 다르다면 과거에 성공했었던 전략들이 계속 효과를 발휘할 가능성은 거의 없다.

마지막으로 사고의 틀과 기준을 변화시킬 필요가 있다. 이 기준들은 자신이 받아온 교육, 과거의 경력, 그리고 사회적 성향에서 영향을 받게 된다. 예를 들어 공학도와 경영대학원생은 사고방식이 다를 수밖에 없다. 따라서 자신의 틀에 구속시키지 않고 좀 더 넓은 시야를 갖도록 해야 한다. 그렇게 하기 위해서는 기업 내외부의 다른 관점들을 살펴보면서 자기 자신을 점검해야 한다.

전략의 성공은 고객에게 만족할 만한 서비스를 제공했느냐에 달려 있다. 경쟁에서 살아남는 것에만 초점을 맞추면 고객의 입장과 기업의 목적이 퇴색될 수 있다. 예를 들어 불필요한 기능을 더해 비싼 제품을 출시하면 소비자들은 거품 값을 지불하게 된다. 이와는 반대로 소비자의 입장에 서서, 가치와 실용성이 더해진 제품을 개발해야 한다. 이런 노력을 하지 않으면 기업은 반복되는 적자에 직면할 것이다.

전략의 최종 목표 – 경쟁 우위

비즈니스 세계에서 경쟁 우위라는 것이 무엇인지 살펴보기 위해 자연에서 그 답을 찾아보자. 숲 개구리는 북미 산맥의 삼림지대에서 서식한다. 이 개구리는 매서운 추위를 이겨내기 위해, 겨울에는 몸에 포도당을 축척시켜서 천연 부동액을 생성한다. 그런 다음 이 부동액을 체액과 섞어 작은 결정체를 만든다. 결정체가 형성된지 15시간이 지나면, 숲 개구리의 혈액은 완벽하게 활동을 멈춘다. 개구리는 심장박동도 없고, 피가 흐르지도 않으며, 숨도 쉬지 않는, 즉 생명활동이 중단된 상태로 동면에 들어간다. 이런 상태로 겨울을 나게 된다.

봄이 다시 돌아오면 숲 개구리는 정전기를 일으켜 심장 근육의 섬유조직을 늘리면서 다시 깨어난다. 개구리는 다시 자신의 서식지로 돌아와서 일상생활을 이어간다. 다행히도 경쟁 우위를 차지한다는 것은 죽었다가 다시 살아나는 것보다는 훨씬 더 쉽다. 하지만 이 둘 사이에는 공통점이 존재한다.

리치몬드 대학의 스티븐 툴먼(Stephen Tallman) 교수는 전략의 중요성을 이렇게 설명한다. "전략의 목적은 장기적으로 경쟁할 수 있도록 하는 것이며, 성공적인 기업들은 장기적으로 경쟁우위를 점한다." 경쟁우위란 '능력과 활동 면에서 차별화를 두며 우월한 가치를 제공하는 것'이다.

경쟁우위는 능력, 활동, 그리고 상품 및 서비스라는 세 가지 측면에서 살펴봐야 한다.(그림 2.1 참조).

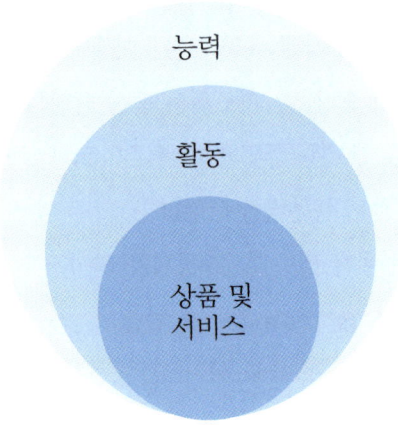

(그림 2.1) 경쟁우위

➡ 능력

상품이나 서비스는 능력에 따라 달라지며, 능력은 자원과 권한에 따라 좌우된다. 또한 능력은 고유의 능력과 재현할 수 있는 능력으로 분류할 수 있다. 고유의 능력이란 경쟁자들이 쉽게 모방할 수 없는 독특한 능력을 말한다. 고유의 능력을 통해 기업은 경쟁자들에 비해 더 효율적으로 생산하거나, 모방할 수 없는 고유 제품을 출시하기도 한다. 재현 가능한 능력이란 경쟁자들이 쉽게 모방할 수 있는 기술을 뜻한다.

고유의 능력은 지속적으로 유지되는 경쟁 우위를 위한 구성요소에 반드시 포함된다. 그리고 이 고유의 능력에는 지적자산, 마케팅 전문지식, 유능한 리더십, 그리고 기업문화 등이 있다.

경쟁 우위를 차지하기 위해 가장 먼저 고려해야 할 사항은 차별화된 상품, 서비스의 효율성, 안전, 편리함 등이다. 하지만 실제적으로 경쟁 우위를 판가름하는 것은 기업에 내제된 능력이다. 연구결과에 따르면 경쟁 우위는 다음과 같은 조건들의 기반 위에서 장기적으로 유지할 수 있다.

1. 기업마다 보유한 자원이 다르다. 같은 자원을 갖고 경쟁에서 이기기는 어렵다.
2. 자원을 획득하는 과정과 종류에서 차별화를 이뤄야 한다.
3. 모방하기 어렵거나 대체할 수 없는 다양한 자원들을 보유할 수 있어야 한다.
4. 자원은 개인의 능력과 같이 다른 기업으로 쉽게 이동될 수 있는 형태여서는 안 된다.

➡ **활동**

기업 활동은 고객이 원하는 것을 제공하기 위해 보유한 능력과 자원을 합치는 것이다. 따라서 활동은 전략적으로 초점을 맞추려는 부분에 투자(또는 투자하지 않거나)가 이뤄지도록 해야 한다. 경영자들이 경쟁우위를 차지하기 위해 노력할 때 직면하는 가장 큰 도전은 조직과 상품을 전체로써 바라보는 것이다. 이를 위한 활동의 예로 공급처 관리, 영업, 마케팅, 유통, 서비스를 들 수 있다. 이런 활동들이 연결되면 기업의 가치사슬이 만들어진다. 그리고 이런 1차적인 활동들이 소비자들이 접하는 상품이나 서비스를 만들어 내는 과정이 된다. 2차적인 활동, 즉 연구, 시스템 개발, 인적자원 관리 등은 1차적인 활동을 지원한다.

이 모든 활동이 조화롭게 이뤄지기만 해도 성공으로 이어질 수 있다. 차별화 전략만을 내세워서 내부적인 활동 사슬을 무시해서는 안 된다. 이는 총알 하나로 성난 사자를 상대하려는 것과 같다. 즉 무모하고 승산이 적은 싸움인 것이다.

전반적인 기업 활동들을 살펴보았다. 그렇다면 이들 활동들 간의 상호관계를 파악해 보는 것도 중요하다. 활동들 간의 연결고리를 활성화시키고 지원한다면, 보유한 자원을 갖고 더욱더 효율적이고 효과적으로 비즈니스를 최적화할 수 있을 것이다.

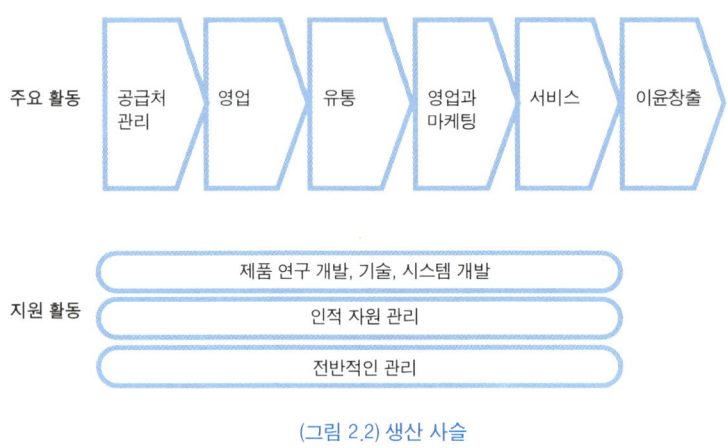

(그림 2.2) 생산 사슬

➡ **상품 또는 서비스**

기업은 경쟁을 통해 최종 결과물을 생산하게 된다. 시장에 출시되는 상품이나 서비스는 저마다 기업의 전략을 담고 있다. 즉 기업은 경쟁의 유형물로써 상품이나 서비스를 내놓는 것이다.

경쟁 우위는 다음 세 단계를 거쳐 완성된다.
1. 소비자들은 상품이나 서비스에서 차별성을 인식하고 구매 결정을 한다.
2. 차별화는 능력의 차이에서 비롯된다.
3. 차별화와 고유의 능력은 장기간 유지될 수 있어야 한다.

경쟁 우위를 평가하기 위해 전략적 사고 모델에 대입해 보면 보다 빨리 이해할 수 있다. 앞서 언급했던 엔터프라이즈 렌터카와 다른 렌터카 회사인 헤르츠(Hertz)사이의 경쟁력을 객관적으로 분석해 보겠다(표 2.3 참조).

	엔더프라이즈 렌터카	헤르츠
능력	-사기업 -전문대 졸업생 직원들 -수도권에 작고 세가 싼 사무실 6,900여개 -구형 차종 보유	-공기업 -세가 비싸며 공항에 위치한 사무실 -신형 차종 보유
활동	-고객의 집 혹은 렌트하려는 장소까지 차를 배달해 주거나 고객을 태워서 렌트카까지 이동 -내부 예약 시스템 -그래스 루트 마케팅(grassroots marketing, 역자: 개인 또는 그 지역 내의 소비자들을 대상으로 마케팅) -자동차 딜러, 정비소, 보험사와 우대 관계 형성 -엔터프라이즈 서비스 품질 지수(Enterprise Service Quality Index, 고객 15 중 1명씩 선별 후 서비스 만족도 조사 실시)	-고객이 공항에서 차를 렌트해 감 -외주 예약 위탁 -광고(TV) -헤르츠 골드 프로그램 (Hertz Gold program, 역자: 우대 고객 프로그램)
제품 또는 서비스	-자동차 수리를 위해서 단기간 렌트카가 필요할 경우 경쟁사보다 1/3 할인된 가격 제시	-항공과 함께 렌터카 예약 가능

(표 2.3) 경쟁 우위 분석

위의 도표를 살펴보면 엔터프라이즈 렌터카는 전문대 졸업생이라는 인력을 보유하고 있다. 여기에 작고 세가 싼 사무실, 그리고 구형 보유라는 능력을 최대한 활용할 수 있도록 활동을 기획했다. 이렇게 해서 가정에 렌터카를 배달하는 차별화된 서비스와 경쟁사보다 30퍼센트 저렴한 가격을 제공할 수 있었다.

경쟁우위를 위한 전략을 분석하면서 기업의 약점들이 발견되면, 부족한 면들을 차별화 전략으로 승화시킬 수 있는 방법을 찾아보아라.

예를 들어:
1. 상품이나 서비스에 변화를 주고 기업이 보유한 능력과 조합해 더 좋은 상품이나 서비스를 개발한다.(예: 월풀의 혁신적인 가전제품 시리즈)
2. 새로운 능력을 창출한다.(예: 애플이 디지털 음악 분야로 진출)
3. 기준을 바꾸거나 제공할 가치를 보다 명확히 전달함으로써 고객 선호도를 높인다.(예: 웰빙 패스트푸드를 내세운 서브웨이 샌드위치)
4. 틈새작전. 즉, 경쟁자가 없는 시장의 빈틈을 노려 획기적인 상품이나 서비스를 제공한다.(예: 써크 디 솔레 서커스단)

이 모든 과정들을 실행하면서 경영자가 좌절하는 가장 큰 이유가 있다. 바로 전략이 경쟁 우위라는 효과로 나타나는 데까지는 오랜 시간이 걸린다는 점이다. 기업은 자원 분배와 능력을 극대화하기 위해 큰 변화를 모색해야 한다. 그럼에도 불구하고 인원을 추가하고, 부서를 만들고, 교육을 해도 성과는 곧바로 나타나지 않는다. 그래서 기업들이 이런 투자와 변화를 꺼리는 것이다. 이런 변화들을 시도할 것인지 말 것인지 고민이 된다면, 숲 개구리가 생존을 위해 자신의 몸을 변화시켰던 과정을 떠올려보라. 아무리 그 과정이 어렵다 하더라도 죽었다 살아나는 것보다는 쉽지 않겠는가?

성공을 위한 훈련

전략을 세우고 경쟁력을 기르기 위해서는 몇 가지의 훈련이 필요하다. 마이클 트레이시(Michael Treacy)와 프레드 비어세마(Fred Wiersema)는 시장을 이끌어가는 80여개의 기업을 대상으로 조사했다. 그 결과 성공적인 기업들은 상품의 탁월성, 효과적인 운영, 그리고 고객 친밀도 중에서 성공한 이유를 찾을 수 있다고 했다.

조사 결과에 따르면, 성공적인 기업들은 이 세 가지 중에서 한 가지가 월등했고, 나머지 두 가지 항목에서는 평균이었다(그림 2.4 참조). 이를 전략적 측면에서 보면 기업은 보유한 자원을 하나의 부분에 집중하게 된다. 이는 고르게 균형을 유지해야 한다는 측면과는 배치된다. 하지만 두 가지의 부분이 평균 이상의 수준을 유지하면서, 하나의 부분에 집중해서 차별화를 이끌어낸다는 측면에서는 매우 훌륭한 전략이라고 할 수 있다.

> 상품의 탁월성, 효과적인 운영, 그리고 고객 친밀도 중에 하나에 초점을 맞추면 놀라운 역량을 발휘할 수 있다.

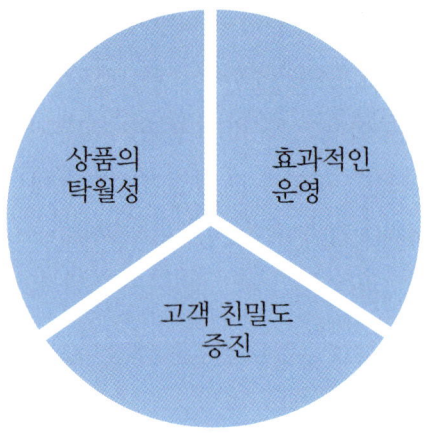

(그림 2.4) 성공을 위한 훈련 요소들

➡ **상품의 탁월성**

　이는 차별화된 획기적인 상품을 시장에 내놓는 것을 말한다. 성공적인 상품은 소비자들이 쉽게 최고라고 인정할 만큼, 성능과 혜택 면에서 기존의 제품보다 월등히 좋다. 기업은 혁신적이고 차별화된 신제품을 개발하면서 기존의 상품들과 경쟁한다. 제품을 통한 경쟁은 나이키, 3M, 그리고 애플의 사례가 좋은 모델이 된다. 이들 기업은 높은 브랜드의 가치에 걸맞은 뛰어난 상품을 만들어 낸다. 또한 고가임에도 불구하고 소비자들이 상품을 구매한다. 전략적인 측면에서 볼 때 이런 기업들은 연구와 개발에 많은 투자를 한다. 또한 뛰어난 인재를 통해 지속적으로 혁신적이며 탁월한 상품을 개발해 낸다.

➡ **효과적인 운영**

운영에 중점을 맞춘 기업은 주로 가격 면에서 경쟁력이 높다. 이런 유형의 기업들은 소비자에게 가격 대비 좋은 상품을 제공하면서 질 높은 서비스를 제공한다. 이런 방법을 전략으로 채택한 기업으로는 월마트, 사우스웨스트 항공, 맥도날드, 페덱스를 들 수 있다. 이들 기업은 서비스의 효율성과 꼼꼼한 품질관리를 생명으로 여긴다.

➡ **고객 친밀도**

높은 고객 친밀도를 이끌어낸 기업은 최고의 통합 상품을 제공할 수 있다. 즉 고객과 지속적으로 신뢰를 쌓아가며, 고객의 요구를 정확히 파악해서 적절한 상품이나 서비스를 제공한다. 이럼 점에 초점을 맞춘 기업으로는 IBM, GE, 노드스트롬 등을 들 수 있다.

하나의 분야에 집중하지 못하고 전략을 결정하지 못하면, ① 기업 전체의 방향성에 혼란을 초래하고, ② 브랜드 가치는 떨어지고, ③ 차별화를 잃은 제품들은 여러 부작용을 낳을 수 있다. 또한 이런 악순환이 계속 되면 소비자들은 기업에 대해 신뢰를 버리고 인지도는 떨어진다. 결국 기업은 시간과 재능, 돈이라는 한정된 자원을 효율적으로 사용하지 못하고 시장에서 점점 경쟁력을 잃어간다.

> *Dive master practice*
>
> 경영진 회의에서는 위에서 살펴본 세 가지 요소들 중에서 어떤 부분에 집중하고 있는지 살펴보라. 여러 기업에 이에 대한 질문을 던져본 결과, 경영진이 같은 대답을 하는 경우가 드물었다. 경영진들이 기업의 경쟁력을 이끌어내는 요소를 서로 다르게 생각한다면, 기업 전략도 뚜렷한 방향이 없을 가능성이 크다.

➡ 기업 방향성의 혼란

기업이 집중한 영역에서 자원을 명확히 찾지 못하면 전략적으로 방향을 잡기가 어렵다. 전략 없이 단순히 성장을 위해서만 자원을 다수의 영역에 분산하면, 기업이 나아갈 방향에 혼란을 초래하고 장기적인 성장을 방해한다. 그러나 성공적인 기업들은 두 가지 요소에서는 평균적인 능력을 발휘하면서 한 가지 분야에 전념함으로써 탁월함을 보인다.

➡ 브랜드 가치의 하락

기업의 모든 사업부들이 같은 방향으로 움직이도록 이끌어가는 것도 강력한 전략이 될 수 있다. 종종 마케팅 부서와 연구개발팀은 혁신적이고 우수한 제품을 만드는데 주력한다. 반면 영업팀은 저렴한 가격을 내세우는 경우를 보게 된다. 이런 내부의 갈등 요소는 상품의 차별화에 혼란을 가져와 기대에 미치는 못하는 상품개발로 이어진다. 이런 상황이 지속되면 기업의 브랜드 가치는 떨어지게 된다.

➡ 사라진 차별화

그러나 이들 세 가지 요소에 균등하게 자원을 분배하면 기업은 실패할 가능성이 크다. 세 가지 요소에 골고루 집중하면서 자원을 골고루 투자한다면 기업은 결코 발전하지 못한다. 기업은 하나의 목표를 향해 고군분투해야만 동력을 잃지 않고 차별화를 이룰 수 있다.

memo

이번 장의 핵심 내용

다음은 전략이라고 볼 수 없는 것들이다.
- 포부: 기업의 목표, 목적, 또는 비전
- 모방: 독창적이고 차별화된 계발보다는 다른 기업의 성공 사례를 모방하여 보완하면서 경쟁
- 신중: 결정을 미루고 새로운 도전을 위해 조금의 위험 부담도 감수 하지 않으려하는 것.

비즈니스 전략이란

"한정된 자원을 독자적인 방법을 통해 효과적으로 배분하여 소비자들에게 최상의 상품이나 서비스를 제공함으로서 경쟁력을 기르는 과정이다."

경쟁적 배제 이론(Principle of Competitive Exclusion)

"서로 다른 생명체는 동일한 방법으로 공존하며 생존할 수 없다."

차별화 전략은 두 가지로 나눠 살펴 볼 수 있다.
1. 경쟁자와 다른 활동을 추진하는 것.
2. 같은 활동을 경쟁자와 다른 방법으로 진행하는 것.

경쟁은 시장 단계, 기업 단계, 개인 단계에서 이루어진다.

경쟁 우위란 "능력과 활동 면에서 차별화를 이루며 우월한 가치를 제공하는 것"이다.

경쟁 우위는 상품의 탁월성, 효과적인 운영(가격 경쟁력), 고객 친밀도(고객 요구에 맞춘 최고의 통합 상품 제공)를 통해서 나타난다.

CHAPTER 03
안목
통찰력을 기르는 훈련

생각의 바다에 뛰어들어라. 그곳에서 값진 진주를 찾게 될 것이다.

모세 이븐 에즈라(Moses Ibn Ezra), 철학가이자 시인

전략을 수립하다보면 역설적일 수 있는 깨달음을 얻게 된다. 그 중의 하나가 큰 틀을 구상하기 위해 작은 요소들은 꼼꼼히 살피는 안목을 길러야 한다는 점이다. 전략적 통찰력이란, 두 가지 이상의 정보를 통합해서 경쟁력을 얻을 수 있는 아이디어로 개발하는 것이다. 빙산을 예로 들어 이 과정을 좀 더 살펴보자. 일반적으로 기업들은 눈에 뻔히 보이는, 즉 빙산의 일각에 해당하는 정보만을 수집하면서 경쟁한다. 하지만 경쟁 기업을 더 자세히 파악하고 내부 정보를 알기 위해서는 해수면 아래로 잠수해 들어가야 한다. 모든 사람이 쉽게 얻을 수 있는 정보는 큰 노력 없이도 알아낼 수 있다. 이는 앞서 언급한 모래사장 형과 스노클러 형의 경영자들이 갖고 있는 정보력이다. 하지만 이런 정보는 모두

에게 제공되기 때문에 차별화 전략을 수립하려고 할 때 아무런 도움이 되지 않는다.

반면에 전략적 통찰력을 얻기 위해서는 스쿠버 다이버나 자유로운 다이버 형의 경영자들처럼 바다 속 깊은 곳으로 뛰어들어 빙산의 아랫부분까지 면밀하게 분석해야 한다. 그림 3.1에서처럼 수면 아래 숨겨진 빙산의 모양은 예상했던 것과 다른 크기와 형태일 수 있다. 즉 비즈니스를 추진함에 있어서 도움이 되는 통찰력을 제공해 준다. 만약 현재 매출이 늘지 않아 가격 할인에만 초점을 맞추고 있다면, 경쟁사의 빙산의 일각에 해당하는 정보만으로 경쟁하고 있는 것이다. 하지만 어려울수록 경쟁사에 대해 더 많은 정보를 입수하고 분석해서 전략을 세운다면 한 단계 더 성장할 수 있다.

이런 사례는 소프트웨어 산업에서 찾아볼 수 있다. 1995년에 설립한 레드햇(Red Hat)은 운영체제 플랫폼, 미들웨어(middleware), 응용 소프트웨어, 컨설팅 서비스 등을 제공하는 회사였다. 레드햇은 당시 리눅스 오픈 소스라는 공개 소프트웨어를 시장에 제공함으로 시장을 이끌어나갔다. 이는 경쟁사들에 대해 많은 정보를 파악하고 있었고, 이를 활용해서 통찰력 있는 전략을 수립할 수 있었기 때문이다.

시장이 점점 발전하면서 소프트웨어 회사들은 두 가지 전략 중의 하나를 선택하게 되었다. 그 중 첫째는 공개 소프트웨어를 낮은 가격에 제공하는 것이었다. 다른 하나는 독점적으로 소프트웨어를 개발해서 질 좋은 서비스와 함께 높은 가격에 파는 것이었다. 하지만 이 두 가지 방식은 모두 빙산의 일각에 불가했다.

이때 레드햇의 공동설립자 밥 영(Bob Young)은 다른 경쟁사들의 운영방식을 분석하면서 전략을 구상했다. 그는 공개 소프트웨어의 낮은 가격과 독점 소프트웨어가 제공하는 고객 서비스를 결합해서 '서비스' 혹은 SaaS(Software as a service)라는 새로운 상품을 개발했다. 그의 통찰력으로 레드햇은 놀라운 성장을 이룰 수 있었다. 그리고 리눅스 운영체계라는 새로운 시장이 만들어지게 되었다. 레드햇의 사례는 두 가지 이상의 정보를 참신한 방법으로 결합하면 통찰력이 있는 전략을 세울 수 있다는 사실을 보여준다.

(그림 3.1)통찰력과 빙산

통찰력 – 전략의 시발점

> 전략가들은 통찰력을 개발하고 개선하는데 역량을 모아야 한다. 기업이 통찰력을 기른다면 효과적인 전략은 따라오게 되어있다. 하지만 통찰이 없는 전략은 실현가능성이 낮은 기획에 불과하다.
> 앤드류 캠벨(Andrew Campbell), 전 하버드 경영 대학원 교수

통찰력을 기른다는 것은 비단 비즈니스 세계에서만 중요한 것이 아니다. 손실을 줄이거나, 새로운 가치 창출을 위해 넓은 안목이 필요할 경우도 통찰력은 중요하다. 9월 11일 일어난 뉴욕 테러 사태에서 볼 수 있듯이, 통찰력이 없다는 것은 매우 처참한 결과를 초래할 수 있다. 그 후 작가 팀 라제터(Tim Laseter)와 밥 크로스(Bob Cross)는 "정보를 수집하는 것보다 정보와의 연관성을 찾아내서 통찰력을 발휘하는 것이 더 중요하다."고 말했다.

오늘날 우리는 감당하기 어려울 정도로 많은 정보 속에서 살아간다. 중요한 것은 이 많은 정보들 가운데 필요한 정보를 찾아내서 통찰력을 발휘하는 것이다. 아무리 복잡한 과정을 통해 만들어진 정보라도 실용성이 없고, 기업 발전에 도움이 되지 않는다면, 그런 정보에 연연할 필요가 없다. 날카로운 통찰력의 소유자로 유명한, 전 3M의 이사인 로버트 브르로(Robert Brullo)는 이렇게 말한다. "통찰력이란 단지 숫자나 분석 자료를 제시하는 것이 아니다. 그 자료들을 통해 파악한 상황을 전달하는 것이다."

많은 경영자들이 연간계획을 세울 때 파워포인트 슬라이드 수만 늘릴 뿐 통찰력이 발휘된 비즈니스 구상은 내놓지 못한다. 비즈니스 개요를 한두 슬라이드에 요약해서 전달하지 못한다면, 그 비즈니스는 바르게 이해하지 못한 것이다. 비즈니스 내용을 이해하지 못했다면 통찰력을 발휘하는 것 역시 기대하기 어렵다. 스틸케이스(Steelcase)의 최고 경영자인 제임스 해켓(James Hackett)은 언젠가 자신의 경험담을 들려주었다. "마케팅 부서에서 제품 설명을 들은 후, 이 제품을 개발하기에 앞서 필요했던 통찰력이 무엇이었냐고 물으면, 그들은 내가 어이없는 질문이라도 한 것처럼 황당한 표정을 짓는다."

기업 문화도 상황을 더욱 악화시킨다. 자료에 따르면 한 달 중 전략회의를 하는 시간이 1시간도 되지 않는 회사가 85퍼센트에 달했다. 아예 전략회의 자체를 하지 않는 회사도 50퍼센트나 되었다. 경영자가 전략적 사고를 하지 못하는 것을 당당하게 밝히지 못하는 이유가 바로 이런 기업 문화 때문이다. 성과에만 집착하기 때문에 빠른 일처리만을 미덕으로 삼는다. 그래서 로뎅의 조각 '생각하는 사람'처럼 생각하는 시간을 가지면 농땡이를 친다는 오해를 사게 될 것이다.

노벨상 수상자인 물리학자 루이스 알바레스(Luis Alvarez)는 통찰력을 기르는데 시간을 투자하는 것이 얼마나 중요한지 보여준다. 그는 사고를 통해 수많은 업적으로 남겼다. 그는 공룡의 멸종이 운석충돌 때문이라는 이론, 지상유도착륙이라는 항공기 착륙 시스템 개발, 노벨상 수상의 영예를 안겨준 수소 기포상자 개발을 통한 공명상태의 발견 등과 같이 뛰어난 업적을 남겼다. 알베르즈 박사는 자신의 모든 업적을 아버지의 조언 덕분이라고 했다. 아버지인 월터 알베르즈는 유명한 물리학자였다. 하지만 수많은 의료서적도 펴냈다. 아버지는 루이스에게 매일 그날 배운 내용들을 되새겨 보고 고민하는 시간을 갖도록 권장했다. 루이스는 아버지의 조언에 따라 매일 30분씩 그날 새롭게 알게 된 사실들을 복습하고 그에 대해 자신의 생각들을 기록했다.

뉴욕 공립학교 학장 조엘 클라인(Joel Klein) 역시 전략적 사고를 위한 투자의 가치를 높이 평가한다. 클라인은 110만 명의 학생과 8만 명이나 되는 교사들을 총괄하고 있다. 하지만 뚜렷한 이유나 목적이 없는 활동에 시간을 낭비하지 않음으로써 자신의 임무를 충실히 소화한다. 그는 "나는 연방정부에서 일할 때부터 회의를 좋아하는 사람들 틈에서 일해 왔다. 하지만 하루 종일 무의미한 회의에 시간을 낭비하지 않았다."라고 말한다. 이어서 "오히려 집중해서 검토해야 할 자료를 읽기 위해서 조용히 방에서 시간을 보냈다. 또는 다음 일정을 효율적으로 처리하기 위해 전략을 세우는데 시간을 썼다. 나는 생각하는 시간까지도 일정에 포함시켰다."

> 두 가지 이상의 현상에서 연관성을 찾아내고 통찰력을 얻었을 때 느끼는 희열은 스스로가 답을 찾아냈을 때에만 경험할 수 있는 것이다.

개인이 전략적인 사고를 하기 위해서는 시간을 투자해야 한다. 이와 마찬가지로 회사의 각 부서도 이런 시간을 갖는 것은 매우 중요하다. 통찰력은 보고서의 결론을 읽으며 배우는 것이 아니라, 스스로 개발하고 향상시켜야 한다고 주장했다. 두 가지 이상의 현상에서 연관성을 찾아내고 통찰력을 얻었을 때 느끼는 희열은 스스로가 답을 찾아냈을 때에만 경험할 수 있는 것이다.(모래사장과 스노클러형의 사고방식과 스쿠버 다이버와 자유로운 다이버형의 사고방식을 비교해보면 그 차이를 쉽게 알 수 있다.) 무언가를 깨닫고 획기적인 전략을 구상했을 때 느낄 수 있는 희열은 전략을 실행으로 옮길 수 있는 원동력이 되기도 한다. 즉 부서 내에서 전략적 사고가 가능하도록 시간을 투자한다는 것은 부서의 생산성을 획기적으로 높일 수 있는 가장 좋은 방법이다.

통찰력의 재료

비즈니스에 대한 안목은 선천적으로 갖고 태어나거나 평생 갖지 못하는 것으로 오해하는 사람들이 많다. 그러나 통찰력을 구성하는 요소를 알게 되면, 교육과 훈련을 통해 충분히 기를 수 있는 감각이라는 것을 알 수 있다. 모래사장 형과 스노클러형의 경영자들은 이 4가지 요소를 파악하면 충분히 스쿠버 다이버와 자유로운 다이버형으로 변할 수 있다. 이 요소들은: 1)상황, 2)소비자, 3)질문, 4)모델이다.

➡ 전후관계

과거의 경험에서 얻어진 교훈은 비즈니스에서 전후관계의 문제에 불과할 뿐이다. 시대의 전후관계를 이해하고 틈새를 찾아 차별화 전략을 펼쳐야만 위대한 기업으로 성장할 수 있다. 니틴 노리아(Nitin Nohria), 하버드 경영대학원 교수

2월의 춥고 흐린 어느 날 아침이었다. 시카고 북부에 사는 한 항공기 조종사는 4시에 일어나서 오헤어에서 뉴욕으로 가는 6시 30분발 항공기를 운항하기 위해 공항으로 향했다. 그는 공항에 도착해서 그 날의 풍향, 풍속, 기온, 강수량, 구름 상태 등이 기록된 기상 정보지를 받았다. 하지만 그는 내용을 훑어보지도 않은 채 휴지통에 던져버렸다. 그리고 바로 조종석으로 들어가 비행 전에 지켜야할 70여 가지의 안전 수칙을 무시한 채 곧바로 비행기를 이륙시켰다.

이륙 후 한 시간 후에 이 비행기는 오하이오 주 톨레도라는 도시 근처에서 불시착해 수많은 사상자를 냈다. 그날 오후 사건을 조사하러 온 수사관들은 조종사에게 왜 안전수칙들을 지키지 않았느냐고 따져 물었다. 그 질문에 조종사는 다음과 같은 황당한 대답을 했다. "무리한 비행 스케줄을 소화하기도 바쁩니다. 이륙 전에 안전수칙 따위를 살펴볼 시간이 어디 있겠소. 그걸 일일이 살펴보는 조종사들도 있겠지만, 나는 일단 이륙하고 보는 것에 익숙해진 사람이오."

독자들은 안심해도 된다. 이는 실제로 일어난 일이 아닌 꾸며낸 시나리오이다. 하지만 이야기 자체는 허구일지라도 상황을 고려하지 않고 행동부터 하려는 모습은 우리 주위에서 흔히 볼 수 있다. 현재의 상황을 파악하지 않은 채 비즈니스를 전개하는 것은 항공기 추락사고 만큼이나 비극적인 결과를 초래할 수 있다. 항공기 사고만큼은 아니더라도 커리어, 명예, 수입을 잃게 하고 회사도 위기로 몰아넣을 수 있을 만큼 무모한 일이다. 전 델(Dell) 컴퓨터의 최고경영자인 케빈 롤린스(Kevin Rollins)는 해고되기 직전에 이렇게 말했다. "경제 상황은 우리가 알고 있는 것보다 훨씬 더 치열하다." 역사상 가장 영향력이 있는 기업인 GM의 최고 경영자였던 알프레드 슬로안(Alfred P. Sloan)은 많은 업적을 남겼다. 그럼에도 불구하고 당시 노조의 상황과 세력을 파악하지 못해 물러날 수밖에 없었다.

상황이 중요한 것은 음식, 유흥, 운동 등 삶의 모든 영역에 적용된다. 한 때 본아뻬띠(Bon Appetit: 미식가협회 잡지)에서 최고의 식당으로 선정했던 시카고의 르 프란시스(Le Francais)는 식당을 연지 34년만인 2007년에 문을 닫았다. 시카고 트리뷴 지의 음식 평론가인 필 베틀는 그 이유를 이렇게 설명했다

"쉐프 로랑 로치니(Roland Liccioni)의 음식은 여전히 훌륭했다. 20년 이상의 경력을 가진 홀 직원들의 서비스도 매우 친절했다. 달라진 것은 경쟁자들의 비즈니스 전략뿐이었다." 상황을 파악하고 흐름을 따라가지 못하면 기업은 절대 성공하지 못한다. 찰스 다윈의 말처럼 "끝까지 살아남는 종은 가장 강한 것도 아니고 가장 영리한 것도 아니다. 가장 변화에 민감한 종들이다."

NBC 방송국의 '투데이'쇼를 진행했던 케이티 쿠릭은 1천 5백만 달러의 연봉을 받는 조건으로 CBS 방송국의 저녁 뉴스 앵커로 갔다. 하

지만 6개월 후에 CBS 저녁 뉴스는 960만 명의 시청자를 보유한 ABC 방송국의 '월드 뉴스'에도 미치지 못하는 750만 명의 시청자 수로 업계 꼴지를 했다. 이는 전년도 임시 앵커였던 밥 쉬퍼가 기록한 최저 기록보다도 40만 명이나 적은 수치였다.

상황이 승패를 좌우하는데 얼마나 중요한 역할을 하는지, 농구 선수들의 승률만 봐도 잘 알 수 있다. 대학에서 좋은 승률을 낸 선수들이 었음에도 불구하고 프로에 입단한 후에는 처참한 실패를 한 선수들이 많다.

- 릭 피티오(Rich Pitino): 0.814 / 0.411
- 존 칼리파리(John Calipari): 0.731 / 0.391
- 팀 플로이드(Tim Floyd): 0.633 / 0.220
- 제리 타카니안(Jerry Tarkanian): 0.829 / 0.450

르 프란시스 레스토랑, 앵커 쿠릭, 그리고 농구 선수들이 실패를 경험하게 된 이유는 무엇일까? 이들은 달라진 상황에 대면해야 했고 달라진 상황에 맞게 새롭게 대처해야 했다. 전 하버드 경영대학원의 시어도어 레빗(Theodore Levitt) 교수는 이렇게 말한다. "유능한 경영자들은 비즈니스에 과학적으로 접근해서 상황에 맞는 전략적 결정을 하고 전술을 전개한다."

➡ **상황 분석**

상황의 사전적 정의는 '사건이 일어나는 환경 혹은 배경'이다. GE의 최고 경영자인 제프 이멜트(Jeff Immelt)는 주주들에게 보낸 편지에서 이렇게 말했다. "작년에 내가 깨닫게 된 두 가지 교훈은 상황을 이해한다는 것의 중요성과 변화를 두려워하지 말아야 한다는 것이었다. 나에게 '상황'이란 현 시대의 트렌드를 읽고 그것이 GE에 미치는 영향을 파악하는 것이다." 그러나 대부분의 경영자들은 시장 상황을 파악함에 있어서 평균 이하이다.

많은 실패의 원인은 상황을 제대로 이해하지 못하는 데서부터 시작된다. 상황을 이해하는데 방해하는 세 가지 이유는 ①연간 평가 생략, ②성과에 대한 절대 성과 평가, ③정확한 진단 없이 내놓는 해결책을 들 수 있다.

연간 평가

기업은 연간 평가를 통해 상황을 분석하는 경우가 많다. 문제는 이런 연간 평가가 말대로 1년에 한번 이뤄질까 말까 한다는 점이다(기업의 40퍼센트는 공식적으로 연간 평가를 실시하지 않는다). 그래서 많은 경영자들은 회사가 어떤 상황에 놓여 있는지 분석할 기회를 갖지 못한다. 이는 마치 자동차가 어디서 출발하는지도 모르면서 목적지까지 경로를 설명하려는 것과 같다. 성공은 시대 상황에 맞게 변화하는 능력에 달려있다. 당신도 '요즘 세상이 너무 변했어.'라는 한탄을 주위에서 자주 들어볼 것이다.

➡ **성과에 대한 절대 평가**

성과 평가를 절대 평가가 아닌 상대 평가로 한다면 상황을 바르게 이해하지 못한다. 즉 기업의 성장과 매출은 다른 기업과 비교해서 분석하지 않으면 아무런 의미가 없다. 급변하는 시장 및 경쟁 구조를 살피지 않은 채 기업 내의 성과에만 집중한다면 경쟁력을 잃는 것은 시간문제이다. 따라서 다른 기업들과의 상대 평가를 통해 시장 내의 위치를 파악한 후, 적합한 상품을 개발하는 것이 중요하다. 민츠버그(Mintzberg)의 말을 한번 더 인용하면 "지위나 전략이 있으면 우리는 기업을 맥락에 따라, 특히 기업을 경쟁적인 환경의 맥락에서 바라보게 된다. 기업에서 경쟁을 시키거나 또는 피하거나, 또는 경쟁에 이기기 위해 상품과 시장에 대해 어떤 결정을 내리고, 또 어떻게 보호하는지 알 수 있다."

만약 전략적 목표가 경쟁력 향상이라면 전략을 세울 때 시장의 상황을 반드시 고려해야 한다. 더 나아지려고 하는 것은 좋은 일이지만, 객관적으로 봤을 때 경쟁력이 향상되지 않으면 아무 의미가 없다. 경쟁 우위는 주변 상황이 고려되지 않고서는 향상될 수 없다. 시장의 현재 상황에 맞게 객관적인 기준으로 성과를 평가하는 것이 중요하다. 결국 진정한 경쟁 우위는 상황에 달려있는 것이다.

➡ 더 나아지려고 하는 것은 좋은 일이지만, 객관적으로 봤을 때 경쟁력이 향상되어 고객에게 인정받지 못하면 아무런 의미가 없다.

➡ 진단하지 않고 제시한 해결책

아파서 병원을 찾았더니 의사가 아무런 검사나 진찰도 하지 않고 처방전을 써주는 것이다. 그런 다음 하루에 한 번씩 약을 먹고 일주일 후에 다시 오라고 한다면 당신은 어떻게 반응하겠는가? 당신은 당연히 검사는 안 하느냐고 물을 것이다. 그러자 의사가 당신에게 "이전 3명의 환자들도 그걸 먹고 나았거든요."라고 대답한다. 당신은 이 의사를 신뢰할 수 있겠는가?

물론 이 이야기 역시 만들어낸 것이다. 하지만 비즈니스 세계에서 흔히 경험할 수 있는 일이다. 매출이 심각하게 떨어지는 상황을 해결하려고 유명 경제서적의 조언대로 소비자의 심리를 파악하고, 신제품을 출시하고, 시장의 틀을 깬다면 다시 성장 가도를 달릴 수 있을까? 경제서적들이 채워주지 못하는 부분이 바로 상황을 정확히 진단하는 과정이다. 상황을 정확히 진단하지 못하고 만들어낸 해결책은 약이 아니라 독이 된다. 그러나 상황을 고려하는 사고방식은 전략과 혁신을 성공할 수 있도록 가능성을 획기적으로 높여준다. 혁신을 이루기 위해서는 모든 상황에 적용할 수 있는 전략을 선택하는 것은 옳지 않다. 그 보다는 지금 상황에 맞는 전략들을 구상하고 적용하는 것이 가장 효과적이다.

6개월에서 7년차까지 다양한 경력을 갖고 있는 전기 기술자들을 대상으로 의사결정 능력에 관한 조사를 해 보았다. 그러자 초보자들은 작업 과정에만 몰두하는 반면, 전문가들은 상황 분석을 통해 가장 적절한 방법으로 일을 진행한다는 것을 알 수 있었다. 연륜 있는 어떤 목수의 조언처럼 한 번의 행동을 위해 두 번 생각하는 것이다.

➡ 미래의 상황 예측

우리는 날마다 넘치는 업무량을 소화하느라 허우적거린다. 쉴 틈도 없이 반나절 동안 회의를 하고 나면 메일함에는 감당하기 벅찬 양의 이메일들이 도착한다. 비서는 즉시 답변을 해줘야 할 메시지들을 잔뜩 들고 온다. 이렇게 다람쥐 쳇바퀴 돌듯 일하다보면 비즈니스가 방향을 잃어도 알아차리지 못하는 것은 당연한 일일 수 있다. 하지만 이런 가운데서도 통찰력을 잃지 않고 시장의 미래 상황을 예측할 수 있는 도구들이 존재한다. 그런 도구들로는 ①전략의 조정, ②관찰을 통한 행동 결정(OODA), ③상황 탐지기를 작동하는 것이다.

➡ 전략의 조정

자동차의 경우 매년 엔진 오일을 갈고, 타이어의 압력을 측정하고, 필터를 교체하는 정비를 한다. 이처럼 하물며 자동차도 정기적으로 점검하는데, 그 가치의 몇 배에 해당하는 기업을 왜 정기적으로 점검하지 않는 것일까?

비즈니스 상황을 확인하기 위해서는 주기적으로(매주, 매달, 혹은 분기별로) 전략을 조정하는 시간을 가져야 한다. 이 시간들은 성과를 내는 것이 목적이 아니다. 비즈니스 상황을 구성하는 시장, 소비자, 경쟁사, 그리고 기업에 대해 분석하고 토론하는 것에 초점이 맞춰져야 한다. 이를 통해 통찰력을 얻고 비즈니스로 전개할 수 있는 기회를 만드는 것이다. 또한 비즈니스를 위협하는 요소들을 사전에 발견해 효과적인 전략을 수립할 수 있다. 실제로 혼다자동차는 이런 방식을 통해 성공적으로 전략을 기획하고 실행해 왔다.

➡ 관찰을 통한 행동 결정

상황을 예측하는데 활용하는 두 번째 도구는 공군 전투기 조종사인 존 보이드 대령이 만든 '관찰을 통한 행동결정 순환 모델'이다(OODA Loop). 이 모델은 관찰(Observation), 방향성(Orientation), 결정(Decision), 행동(Action)으로 구성되어있다. 이 모델을 활용하면 상황을 파악하고, 자원을 배분하고, 신속하게 의사결정을 하고 행동으로 옮길 수 있다.

이 순환 모델을 활용하려면 지속적으로 주변 상황을 관찰하면서 자료를 수집해야 한다. 수집한 자료를 분석하면서 방향성을 정한 다음 자원 배분을 통해 전략을 결정하고 실행에 옮긴다. 이 모델을 지속적으로 적용하면 기업이 변화무쌍한 상황 속에서도 장기적인 안목과 넓은 관점에서 발전할 수 있다.

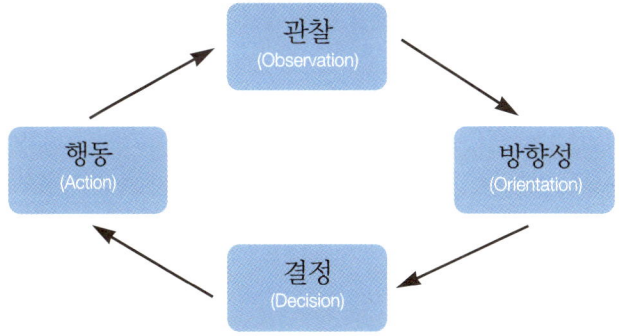

(그림 3.2) 관찰-행동 순환 모델

➡ **상황 탐지기 작동**

마지막으로 사용할 수 있는 도구는 상황 탐지기이다. 탐지기란 고주파의 반사속도를 이용해 사물들의 위치와 속도 등을 파악하는 도구이다. 같은 방식으로 상황 탐지기를 활용함으로서 비즈니스 현황을 파악할 수 있다. 그림 3.3에서 알 수 있듯이 비즈니스의 구성 요소인 시장, 소비자, 경쟁자, 기업이 탐지기의 4분의 1씩을 차지한다. 그리고 각 구성 요소의 무엇이, 누가, 언제, 어디서에 대해 파악하는 것이 탐지기의 역할이다. 탐지기의 핵심은 원인('왜') 그리고 방법('어떻게')을 분석하는 것이다.

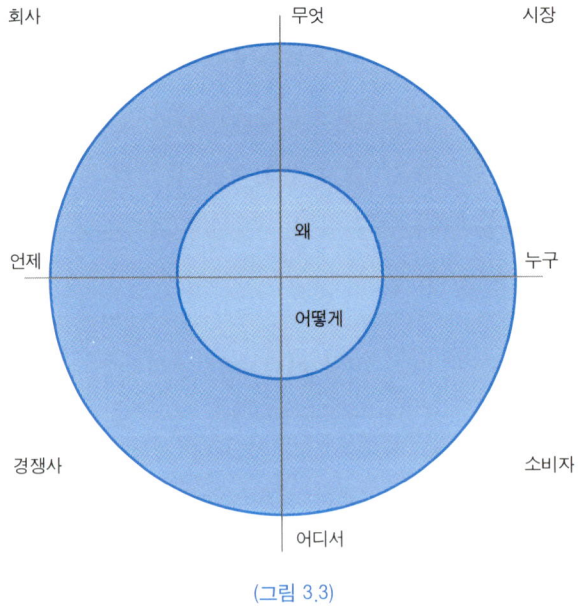

(그림 3.3)

이어서 그림 3. 4는 상황 탐지기가 내부와 외부의 사항들을 분석하는 방법을 보여준다. 이 도표를 활용해서 비즈니스 현황을 분석할 수 있으며, 분석한 정보는 사내에서 공유하게 한다.

'옥스퍼드 전략서(Oxford Handbook of Strategy)'에 따르면, 이런 형태의 탐지기는 기업에 매우 중요한 역할을 한다. "경쟁자들 보다 먼저 변화를 인지하고 변화에 맞는 전략을 세울 수 있게 해 준다. 또한 유용한 정보를 신속히 파악하고 분석해서, 적절한 전략을 구상하는 것은 경쟁력을 좌우한다."

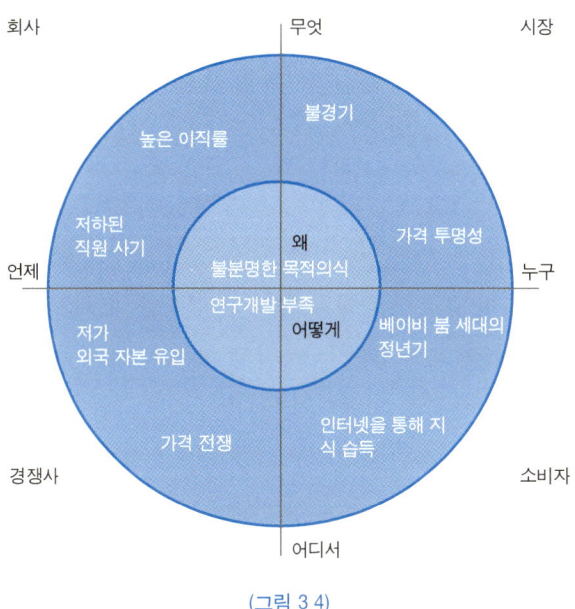

(그림 3.4)

"조종사들은 이륙 전에 안전수칙을 읽어본다. 의사들은 진단을 내리기 전에 검진을 한다. 그리고 경영자들은 회의를 하기 전에 스마트폰의 메시지를 확인 한다."는 우스갯소리가 있다. 이처럼 경영자가 분명한 목적을 갖고 있지 않으면 현재의 위치도 정확히 모르고 있을 가능성이 크다. 상황을 정확히 파악하고 있다면 적절한 시기에 적절한 판단을 내릴 수 있다. 결국 상황을 파악하고 있는 것은 통찰력을 발휘하는 시발점이 된다.

➡ 소비자

소비자 분석을 통해 통찰력을 향상시킬 수 있겠지만, 소비자들은 기업의 혁신을 그다지 기대하지 않는다. 기업이 자주 범하는 오류는 고객조사를 통해 신제품과 새로운 기획을 결정한다는 점이다. 그러나 전구, 복사기, 미니밴, 워크맨, 개인 컴퓨터, 포스트잇 등은 소비자들의 의견을 전혀 조사하지 않고 개발한 성공적인 상품들이다. 사실 소비자들은 신제품 개발에 실제적으로 별다른 역할을 하지 못한다. 소비자들은 신제품이 경쟁 상품에 비해 부족한 부분에 대해서는 의견을 제시할 수 있다. 그러나 한 번도 보지도 못하고 상상도 해보지 못한 신제품에 대해 무엇을 설명해줄 수 있을까. 신제품이 기획되어 출시된 후에 소비자 조사를 하는 것은 중요할 수 있다. 하지만 기획조차 하지 않은 단계에서 소비자 조사를 통해 영감을 얻는 일은 거의 없다.

전 GM 부회장인 밥 러츠(Bob Lutz)도 같은 의견을 갖고 있다. "소비자들은 백미러 역할을 할뿐이다. 이미 출시된 제품들 중에서 가장 선호하는 것이 무엇인지는 말해줄 수 있다. 그러나 성공 가능성 있는 제품을 예측하거나 아이디어를 제공해 줄 것이라고 기대한다는 것은 무리다."

많은 회사들이 '고객의 목소리'를 듣기 위해 소비자들과 늘 교류하려고 한다. 물론 이런 기회를 통해 서비스와 신제품에 대한 고객 만족도를 알아볼 수 있고 회사의 이미지도 높일 수 있다. 하지만 소비자의 의견을 듣는 것만으로는 틈새시장을 찾아내거나 시장에 존재하지 않는 혁신적인 제품을 구상하기는 어렵다. 이 때 P&G와 같은 회사들은 관찰력이라는 도구를 활용한다. P&G 마케팅 최고 책임자 짐 스텐글(Jim Stengel)은 "기업이 정보 수집 능력을 기르는 방법은 소비자들과 다양한 교류를 하는 것이다. 소비자들을 직접 관찰하면서 고객들의 감춰진 요구를 정형화해서 상품으로 만들어 내는 것이 진정한 과제다."라고 했다.

인간의 행동을 연구하는 인류학의 한 줄기인 민족학도 비즈니스에 활용되고 있다. 그 이유는 소비자들의 행동을 깊이 관찰하다보면 소비자들에게 내제된 요구를 찾아내는 통찰력을 얻을 수 있기 때문이다. 제임스 다이슨은 혁신적인 청소기를 개발해서 10억 달러 규모로 회사를 키웠다. 그는 일상에서 효율적으로 이뤄지지 않는 일들을 찾아내고, 그것을 끊임없이 개선하는 도구를 만들어 왔다.

소비자를 직접 관찰하는 것과 마찬가지로, 소비자의 관점에 서서 생각하는 방법도 있다. 도요타자동차는 '현지 현물', 즉 '직접 가서 보라'라는 철학을 그대로 실천해서 미국 자동차 시장을 이끌어가고 있다. 도요타의 2004년형 시에라 미니밴은 최고 기술자가 미국, 캐나다, 멕시코에 '직접 가서' 운전을 해본 후에 개발한 모델이다. 그는 미국 50개 주를 직접 운전하고 돌아다니면서 영감을 얻어 미니밴의 내부를 넓혔다. 또 회전 반경과 측풍 안정성을 높여 새로운 디자인을 선보였다.

소비자들은 기업이 상품을 개발하고 다듬는데 중요한 역할을 한다. 앞서 살펴 본 것처럼 한 번의 행동은 백 번의 말보다 강력하다. 아무리 소비자들의 의견을 듣는다고 해도 직접 부딪히며 관찰하지 않으면 통찰력을 얻을 수 없다. 하버드 경영대학원의 조셉 바우어(Joseph Bower) 교수는 1970년 발표한 저서 '자원 할당과정 관리(Managing the Resource Allocation Process)'에서 다음과 같이 충고를 했다. "기업이 경쟁력을 잃는 이유는 소비자들의 목소리에 너무 귀를 기울이기 때문이다. 실제로 개발하기 어렵고 충족시킬 수 없는 요구에 너무 많은 시간을 낭비하게 하는 전략은 실패로 이어진다."

➡ **질문**

통찰력에 필요한 세 번째 요소는 질문이다. 질문은 생각에 자극을 주면서 상황을 확인하고 분석할 수 있도록 유도한다. 어려서부터 우리는 질문보다는 답을 찾아내는 것을 중요하게 생각해 왔다. 정답을 찾으면 우리는 자신감이 생기지만 의문이 생기면 불안하고 초조해진다. 그래서 질문을 많이 하는 사람들이 일을 더디게 만든다는 평가를 받는다. 그 이유는 업무의 속도를 늦추기 때문이다. 하지만 적절한 때와 장소를 가려 질문을 한다면 추진력이 되기도 한다. JP모건 체이스의 최고경영자인 제이미 다이먼(Jamie Dimon)은 이렇게 충고한다. "경영자라면 적어도 한 달에 한 번씩 다음과 같은 질문을 자신에게 던져보는 시간을 가져야 한다. 이번 달에는 무슨 사업을 추진했는가? 통계 수치가 의미하는 바는 무엇인가? 경쟁사들은 지금 무슨 비즈니스를 하고 있는가? 어떤 전략이 성공했는가? 어떤 전략이 실패했는가?"

➡ 창의적인 통찰력 기르기

심리학자인 미하이 칙센트미하이(Mihaly Cskiszentmihalyi)와 광고 에이전시 대표인 제임스 영(James Young)은 공저에서 통찰력을 기르는 노하우를 전수한다. 이 내용들을 토대로 창의적인 통찰력을 기르는 5단계를 구상해 보았다.

1. 문제와 관련된 각종 정보를 수집해서 분석한다. 문제를 세부 요소로 나눠보고 그 내용을 기록한다.
2. 문제에 대해 깊이 고민하는 시간을 가져라. 정보를 연구하고 다른 방식으로 새롭게 정리하면서 연관성이나 관계를 찾아본다.
3. 문제를 잠시 제쳐두고 생각하지 않는다. 산책하거나 음악을 듣는 등 휴식시간을 갖는다. 이 과정에서 중요한 것은 잠재의식을 활용하기 위해 마음을 편하게 하는 것이다. 잠재의식을 활용하는 것은 매우 효과적이기 때문이다. 어떤 실험에서는 참가자들에게 여러 종류의 집과 룸메이트, 가구들에 관한 많

은 정보를 주었다. 첫 번째 그룹에는 정보를 알려준 후에 바로 선호도를 물었다. 두 번째 그룹에게는 몇 분 동안 의식적으로 생각할 시간을 주었다. 그 결과 첫 번째 그룹보다는 더 나은 결정을 내렸다. 마지막 그룹은 정보를 준 후에 다른 활동을 하게 하면서 결정을 미루게 했다. 그런데 이 마지막 그룹의 참가자들이 가장 탁월한 결정을 내렸다. 그 이유는 다른 활동을 하면서 무의식적으로 정보를 처리했기 때문이다.

4. 아이디어가 떠올라 '유레카!'라고 외치고 싶은 순간은 주로 아침에 샤워를 할 때나 소설을 읽을 때 찾아온다. 이처럼 일과 관련이 없는 활동을 할 때 아이디어를 얻게 될 확률이 높다.

5. 이렇게 해서 얻어진 아이디어를 분석해 보고 적절하면 문제에 적용하라. 답을 찾았다는 흥분이 가시면 아이디어를 직접적인 실행 전략으로 전환시켜라. 에디슨이 창의력은 1퍼센트의 영감과 99퍼센트의 노력으로 이뤄진다고 말했다. 그것이 바로 이 단계를 말한다.

기업들은 아무 계획도 없이 마구잡이로 진행되는 브레인스토밍에 너무 많은 시간을 사용하고 의존하는 경향이 있다. 여기에 제시한 창의적인 통찰력을 기르는 훈련은 효과가 입증된 방법이며, 잠재된 가능성들을 찾아내는 매우 유익한 방법들이다.

스캠퍼 기술(SCAMPER Technique)

마이클 미칼코(Michael Michalko)가 창안한 '스캠퍼 기술'의 핵심 역시 질문을 통한 사고법이다. 스캠퍼 기술은 각각 다른 7가지의 영역에 걸쳐 몇 가지 질문들을 통한 전략적 사고를 이끌어낸다. 이 방법은 관점을 전환시키며 혁신적인 기획을 할 수 있도록 돕는다. 스캠퍼(SCAMPER)는 대체(Substitute), 결합(Combine), 적용(Adapt), 확대(Magnify)/변형(Modify), 다른 용도로 사용(Put to other uses), 제거(Eliminate), 전환(Reverse)/재배열(Rearrange)의 이니셜을 딴 약자이다. 이 영역들은 각각 아이디어를 이끌어내는 질문들로 구성된다.

대체(Substitute)
- 상품의 특징들 중에서 대체할 수 있는 것들은 무엇인가?
- 현재 사용하고 있는 자원들 중에서 외부 자원으로 대체할 수 있는 것들은 무엇인가?
- 현재 사용하는 방법보다 더 효율적이거나 환경 친화적인 방법은 없는가?
- 사용하는 재료들을 대체할 수 있는 다른 재료들은 없는가?

결합(Combine)
- 이 상품과 결합해서 사용할 수 있는 것은 무엇일까?
- 이 상품을 보완할 수 있는 서비스는 무엇일까?
- 전에 시도해 보지 않았던 상품 결합은 가능할까?
- 다른 기업에서 시도했던 것들 중에서 이 상품과 결합할 가능성 있는 것은 무엇인가?

적응(Adapt)

- 이 서비스를 어떻게 새롭게 발전시킬 수 있을까?
- 이 상품을 더 발전시키려면 어떻게 보완할 수 있을까?
- 이 상품과 유사한 기능을 가진 다른 회사의 상품들은 무엇이며, 이들 중에서 자사의 상품에 적용할 수 있는 기능들은 무엇인가?
- 과거 시장에서 성공한 상품들은 어떤 특징을 갖고 있는가?

확대(Magnify)/변형(Modify)

- 매출을 올리기 위해 상품의 어떤 기능이 더욱 부각시켜야 하는가?
- 어떻게 하면 시장 점유율을 늘릴 수 있을까?
- 고객 만족도를 높이려면 서비스를 어떻게 개선해야 할까?
- 고객층을 넓히기 위해 어떻게 영업 전략을 바꿔야 하는가?
- 다른 고객층을 끌어들이려면 서비스를 어떻게 바꿔야 하는가?

다른 용도로 사용하기(Put to other uses)

- 어떻게 하면 이 상품을 다른 용도로 사용할 수 있을까?
- 이 상품을 다른 방법으로 사용하는 소비자들이 있는가?
- 이 상품을 확대해서 개발할 수 있는 신제품으로는 무엇이 있을까?
- 자원을 어떻게 재분배하면 더 효과적일까?
- 기대에 못 미친 전략들은 무엇이며, 다음에 성공하기 위해서

는 어떻게 자원을 재배치해야 할까?

제거(Eliminate)

- 구매 과정을 단축하고 효율을 높이기 위해서 없애야 할 과정들은 무엇인가?
- 영업팀의 활동 시간을 늘리기 위해 생략해도 될 문서로는 무엇이 있을까?
- 별다른 혜택이 없는 과정 중에서 제거할 수 있는 것들로는 무엇이 있을까?
- 투자 대비 마케팅 효과가 적어서 포기할 고객층은 누구인가?

전환(Reverse)/재배열(Rearrange)

- 고객 친밀도를 높이기 위해 어떻게 세일즈와 마케팅을 전환할 수 있을까?
- 세일즈 과정을 전환해서 고객이 회사를 찾아올 수 있게 할 방법은 없을까?
- 고객들이 자신의 요구에 맞게 직접 상품 라인을 재배치할 수 있는 프로그램은 없을까?
- 상품 생산 과정을 어떻게 바꾸면 효과를 높일 수 있을까?

새로운 발상이 전혀 떠오르지가 않는가. 그렇다면 이 스캠퍼 기술을 활용하면 많은 아이디어를 만들어낼 수 있을 것이다. 답을 찾으려면 때로는 질문을 먼저 해야 한다는 것을 일깨워 줄 것이다.

➡ 아이디어 상자

아이디어 상자(Innovation box)는 현재의 요소들을 새롭게 조합해서 상품을 만들 수 있도록 구상한 것이다. 이를 처음 개발한 사람은 프리츠 즈위키(Fritz Zwicky) 박사이다. 처음에는 형태변형 상자(Morphological Box)라고 불렸다. 이 도구는 상품의 특징을 다양하게 조합할 수 있는 방법들을 찾을 수 있게 해 준다. 아이디어 상자를 만들려면 먼저 7행과 7열이 있는 도표를 만들어야 한다. 그런 다음 상품의 7가지 특성을 각 열마다 적어 넣는다. 그리고 각 특징들을 전환시킬 수 있는 방법을 각 열의 두 번째 줄에 기입한다. 이런 식으로 도표를 다 채우게 되면, 표의 각 칸은 서로 다른 특징들의 조합으로 이뤄진다. 그리고 문제를 혁신적으로 해결 수 있는 다양한 조합들이 만들어진다.

아이디어 상자는 이 과정을 통해 100만개의 조합도 만들어 낼 수 있다. 또한 서로 관련이 없어 보일만한 특징들도 결합해볼 수 있는 가능성이 떠오른다. 그림 3.5는 한 필기도구 회사에서 만든 아이디어 상

모양	재료	재질	크기	추가기능	유연성	수명
둥글다	구슬장식	부드럽다	사람정도	조명	360도	10,000단어
정사각형	플라스틱	딱딱하다	손가락	스캐너	단단하다	평생
육각형	나무	푹신한	손톱	클립	팽창함	일회용
맞춤가능	금속	고무	이쑤시개	라이터	줄어든다	충전식
일정하지않다	종이	매끄럽다	빨대	지우개	메모리	수분함유에 따라
조각	유리	울퉁불퉁한	손	수정테이프	으깨지지않음	고객맞춤
원형	나뭇잎	식용	종이	클립	모든 표면	식용

(그림 3.5) 필기도구 회사의 아이디어 상자

자이다. 이처럼 아이디어 상자는 혁신적인 발상이라는 다소 어려운 과제에 쉽게 다가갈 수 있도록 돕는 유용한 도구이다.

창의적인 통찰력을 길러주는 스캠퍼 기술, 그리고 아이디어 상자 등을 잘 활용하면 통찰력 있는 아이디어를 개발하고 발전시킬 수 있다. 전략가인 오마에 겐이치(Keniche Ohmae)는 "유능한 전략가는 항상 '왜?'라는 질문을 입에 달고 산다."고 말했다.

혁신적인 아이디어의 예: 스캔 기능이 있는 금속 조각 펜으로서 4GB 용량의 메모리와 USB 포트가 달려 있으며 손가락 크기에 맞춰서 제작된다.

➡ **모델**

모델은 어떤 아이디어나 이론, 체계 등을 시각적으로 나타낸다. 그래서 특징을 더욱 자세히 연구할 때 활용할 수 있다.

다양한 분야에서 모델을 통해 분석한 다음 통찰력을 이끌어낸다. 자크 하드마드(Jacque Hadmard) 박사는 위대한 과학자와 수학자들을 전문으로 연구한 사람이다. 그는 연구를 통해 수학자나 과학자들의 사고방식이 언어나 수학적 개념에 근거한 것이 아니라, 시각적인 이미지로 이뤄진다는 것을 밝혔다. 알버트 아인슈타인이 대표적인 예인데 그는 다음과 같이 말했다. "언어는 나의 사고 과정에서 아무런 역할도 하지 않는다. 대신 나는 머릿속에 생각을 확립한 후에 거기에 해당되는 단어들을 찾아내어 생각을 설명한다."

특히 시장예측, 세일즈, 마케팅, 그리고 전략 개발에 모델이 많이 사용된다. 이렇게 다양한 모델을 잘 활용하면 회사의 성공에 큰 역할을 한다. 물론 모델이 답을 제공하는 것은 아니다. 하지만 문제를 분석할 수 있는 공통의 언어와 틀을 제공해 준다.

전략적 사고에 있어서 모델은 가장 짧은 시간과 장소에서 많은 성과를 낸다. 다음 페이지에 나오는 의료기기 회사의 사례를 통해 이야기 형식과 모델이라는 두 가지 방법으로 문제를 해결하는 과정을 비교해 보자. (그림 3.6참조)

이 사례를 통해 알 수 있듯이 시각적 모델을 사용하는 것이, 이야기로 문제를 푸는 것보다 훨씬 더 효과적이다. 또한 모델은 관련된 사안에 초점을 맞추고 토론을 할 수 있도록 공통의 언어를 제공하기도 한다. 그러나 모델은 저절로 만들어 지는 것이 아니다. 직면한 문제를 다루고 명료하게 분석할 수 있도록 생각을 집중시켜주는 도구인 것이다.

> 경영자들이 흔히 범하는 실수는 비즈니스의 모든 요소를 고려하지 못하는 모델을 선택함으로서 중요한 부분을 간과하는 것이다.

모델은 논란의 소지가 있는 주제에 객관적으로 다가갈 수 있도록 돕는다. 또한 추상적인 개념에 실체를 부여해서 분석하도록 돕는다. 예를 들어서 '내 생각은…'이라는 접근보다는 '이 모델을 사용한 도표에 따르면…'이라고 말하는 것이 훨씬 더 객관적이다. 모델을 사용하면 의견을 제시하는 사람보다는 문제 자체에 집중할 수 있도록 하기도 한다. 비즈니

이야기형

테크노스타(TechnoStar)는 연구개발에 막대한 비용을 투자했다. 이렇게 함으로써 경쟁사인 코스트알러트(CostAlert)나 커스토솔루션(CustoSolution)보다 우위에 설 수 있었다. 테크노스타는 최고의 기술력에 걸맞게 교육과 마케팅에도 많은 투자를 함으로써 브랜드 이미지를 높였다. 반면 커스토솔루션은 차별화된 상담 서비스에 투자함으로써 고객에 맞춘 해결책을 내놓았다. 또한 이들은 고급의 맞춤 컨설팅을 제공하기 위해 많은 인력과 전문가들을 확보했다. 그런 다음 상품이나 서비스에 최소한의 비용을 투자해 경쟁력 있는 가격으로 소비자를 확보했다.

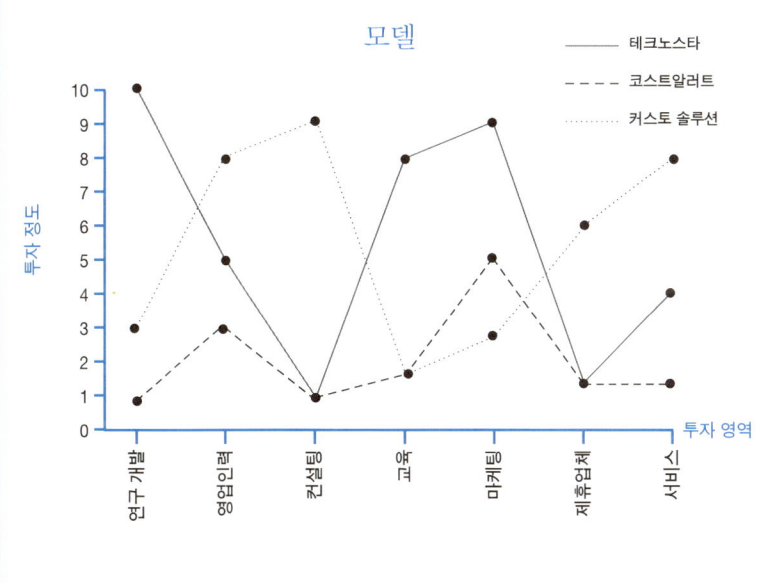

(그림 3.6) 전략 프로필

스 세계에는 수많은 모델들이 존재한다. 따라서 시장, 소비자, 경쟁자와 기업이라는 요소를 모두 다루는 가장 적합한 모델을 선택해야 한다. 경영자들이 흔히 범하는 실수는 비즈니스의 모든 요소를 고려하지 못하는 모델을 선택함으로서 중요한 부분을 간과하는 것이다.

8가지의 전략적 사고 모델들

다음 8개의 모델들은 비즈니스의 요소인 시장, 소비자, 경쟁사, 그리고 자사에 초점을 맞춘 것들이다. 요소 별로 2개의 모델이 제시되는데 설명과 함께 간단한 도표와 예시를 포함했다. 이 모델들은 가상의 의료기기 회사들의 사례를 계속 사용할 것이다.

- 테크노스타 – 혁신적 기술을 바탕으로 한 제품 개발
- 코스트알러트 – 낮은 가격으로 제품 제공
- 커스토솔루션 – 고객 맞춤 해결책 제공

위의 3개의 회사들은 각각 다른 전략을 내세우고 있는데, 전략적 사고 모델들을 어떻게 활용할 수 있는지를 보여준다.

➡ **시장 분석 모델**

비즈니스의 전체적인 맥락을 이해하기 위해서는 주위에서 일어나는 일들을 살펴봐야 한다. 가장 효과적인 방법으로는 전략적 사고를 시장 모델에 대입해 보는 것이다. 이렇게 함으로써 비즈니스의 전체상을

분석할 수 있다.

페스트 분석(PEST Analysis)

시장을 분석하기 위해서는 페스트(PEST)의 4가지 요소, 즉 정치(Political), 경제(Economic), 사회(Social), 그리고 기술(Technological)을 살펴봐야 한다. 이 4가지에 요소들에 해당되는 사항들을 분석해서 그에 맞게 대응할 수 있도록 준비하는 것이 필요하다.

그림 3.7는 3개의 가상 의료기기 회사를 대상으로 실시한 페스트 분석이다.

페스트 분석을 하기 위해서는 4개의 칸이 있는 표를 만들고 각 칸마다 페스트 요소를 하나씩 적은 후에 칸을 채우면 된다. 모든 칸을 채운 후, 표를 다시 살펴보면서 전반적인 사업을 위해 중요하지 않은 요소들은 삭제한다.

정치적	경제적
1. 간호사 한 명 당 배정 할 수 있는 환자 수 관련 법률 2. 미국 식품 의약국(FDA) 지정 제품 바코드 3. 의료기관 합동 심의회(JCAHO)의 준수사항	1. 고용주들이 고용인에게 의료보험 책임을 돌림 2. 베이비붐 세대들이 정년을 맞으면서 의료보험에 끼치는 영향 3. 공동구매를 통한 낮은 가격 경쟁
사회적	기술적
1. 치료방법에 대한 인지도와 의료 지식 수준의 향상 2. 건강관리 산업에 대한 언론의 부정적 견해 3. 건강관리 시설들을 평가하는 기준이 결과에만 치중하고 있음	1. 전파식별 바코드 기술(RFID) 도입 2. 병원들이 제약, 의료기기, 감시 시스템 등의 기업들과 제휴 맺기 원함 3. 휴대하기 편한 의료기기들 선호

(그림3.7) 페스트 분석

➡ **경쟁을 위한 5가지 요소**

하버드 경영대학원의 마이클 포터(Michael Porter) 교수가 제안한 이 모델은 수익성과 가장 연관이 있는 5가지 요소를 통해 사업 환경과 구조를 분석한다. 모델을 적용할 때 각 요소를 '낮음', '보통', 또는 '높음'으로 평가한 후에 간단한 관련 사항을 메모해 두는 것이 좋다.

1. 시장 진입 장벽
    - 규모의 차이
    - 제품 차별화
    - 브랜드 지분
    - 전환 비용
    - 자본 요건
    - 지적 자원

2. 소비자
    - 주 소비자 층
    - 소비 가능성 있는 대상
    - 고객을 유입하기 위한 비용
    - 소비자의 수익성
    - 후방 통합 위험

3. 대체품
    - 대체품의 존재여부

- 대체품으로 전환 했을 시 비용
- 대체품의 가격

4. 재료 공급자
    - 주요 공급자 수
    - 공급 재료를 대체할 수 있는 자원
    - 공급자가 품질/서비스에 기여하는 정도
    - 전방 통합의 위협

5. 업계 경쟁
    - 경쟁사 수
    - 산업 성장
    - 제품 차별화
    - 전략의 위험부담

그림 3.8은 테크노스타, 코스트알러트, 커스토솔루션이 속한 의료기기 시장에서 경쟁의 5가지 요소를 분석하였다.

- 이 사업에는 고도의 전문 기술이 필요함으로 시장에 새로운 기업이 진입할 가능성은 낮다.
- 가격의 투명화로 소비자들의 가격 흥정 가능성이 높다.
- 대체품의 개발 위험은 보통 수준이다.
- 재료 공급자들은 현재 더 높은 가격을 받고 가전제품회사에 납품하고 있기 때문에 재료 가격을 높일 가능성은 높다.

- 업계 내의 경쟁은 높은 편이다.

모델에 나온 항목들을 채우는 시늉만 해놓고 분석이 끝났다고 생각한다면 그것은 오산이다. 모델을 통해서 얻게 된 통찰력을 바탕으로 사업에 새로운 활력을 불어넣어 보자. 모델을 통해서 내린 결론으로 변화를 시도하지 않는다면 이 과정의 결과물은 종이 한 장에 불과하다.

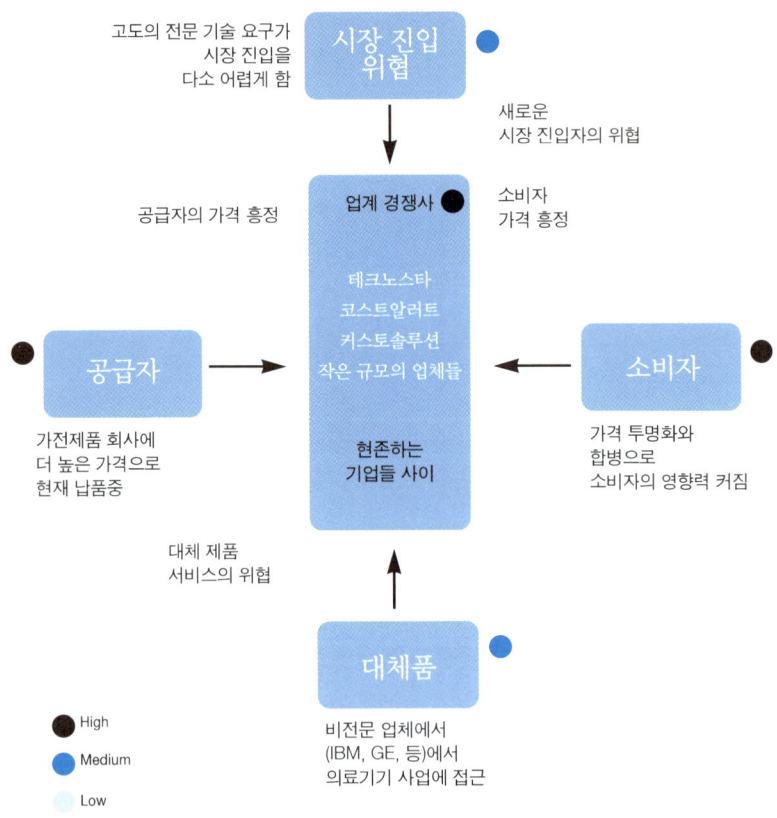

(그림 3.8) 경쟁의 5가지 요소

➡ 소비자 분석 모델

어떤 비즈니스든 소비자를 고려하는 것은 매우 중요하다. 소비자의 성향을 지속적으로 파악하고 관리하지 않으면 확보했던 고객도 어느 순간 잃게 될 것이다. 여기서는 현재의 고객을 유지하면서 고객의 영역을 넓힐 수 있는 비즈니스 모델을 소개하겠다.

➡ 비즈니스 드라이버 매트릭스(Business Driver Matrix)

이 모델은 소비자 관련성과 경쟁사와의 차별화라는 두 가지의 변수에 대한 높낮이를 평가한다. 변수에 의해서 평가되는 항목들은 제품의 효능, 고객 서비스 등을 포함한다. 그림 3.9는 커스토솔루션(Custosolution)이 적용한 비즈니스 드라이버 매트릭스의 예이다.

그림에서 볼 수 있듯이, 이 회사에 대해 소비자들이 높게 평가하는 항목들은 상품의 효율성과 상담 서비스이다. 이 두 항목에서 커스토솔루션은 경쟁사들과 차별화를 이뤘다. 이 모델을 통해 소비자 만족도를 높이려면 집중적으로 지원해야 할 사업들이 무엇인지 알 수 있고, 다른 기업들과 어떤 부분에서 차별화를 이룰 수 있는지 알 수 있다. 또한 모델을 통해서 지원 규모를 줄일 수 있는 사업들도 알 수 있다. 이 정보는 나중에 전략상 사업을 줄여야 할 때 유용하게 사용할 수 있다.

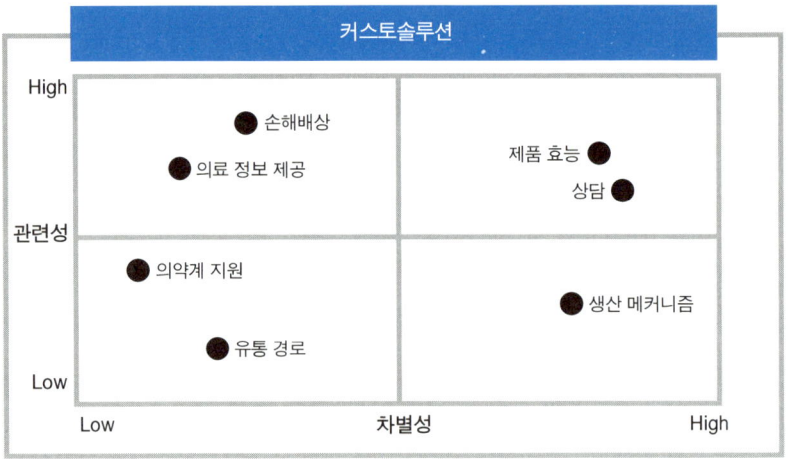

(그림 3.9) 비즈니스 드라이버 매트릭스

➡ **가치 요소 분석(Value Factor Analysis)**

몬태나 대학의 커티스 칼슨 박사와 윌리엄 월모트 박사가 개발한 '상대적 가치 분석 모델'은 어떤 회사가 제공하는 상품의 가치를 경쟁사와 비교하도록 한 모델이다. 이 모델은 소비자가 특정 회사의 상품과 경쟁사의 상품을 사용했을 때, 발생하는 이득과 손실을 파악할 수 있게 해 준다. 이런 식으로 상대적 가치를 분석하려면 제품의 '품질'과 '편의성'을 평가한 후, 이득과 가격을 비교해 보면 된다. 도표 3.10에서 이 모델을 적용한 예를 볼 수 있다.

이 도표를 만들기 위해서는 먼저 '품질'이라는 항목의 도표부터 만들어야 한다. 그런 다음 첫 번째 열에 상품 또는 서비스명을 기입한 후 그 옆에 경쟁사들을 기입한다. 소비자들이 이 제품을 평가할 때 가장 중요하게 생각할 요인들을 가장 좌측 열에 적고 각 항목마다 중요도를

0에서 5사이의 점수를 매긴다. 다음으로 항목마다 소비자의 실제 만족도를 0에서 5사이로 점수를 매긴다. 각 제품의 가치는 소비자 중요도와 만족도를 곱한 값이 된다.

비용 항목에서는 소비자가 지불하는 값이 클수록 높은 점수를 매겨야 한다. 예를 들어 자동차는 높은 지출 점수, 즉 4 또는 5점을 받게 된다. 품질과 편의성의 점수를 더한 값이 제품이 주는 혜택이 된다. 각 경쟁사들과 비교할 제품의 가치를 계산할 때는 품질 점수와 편의성 점수를 곱한 후에 비용 점수로 나눈다.

상품이나 서비스의 가치가 높다는 평가를 받으려면 경쟁사들보다 2배에서 10배 정도는 제품의 가치 값이 더 높아야 한다. 이 모델은 제품을 항목 별로 나눠서 분석할 때 유리한데, 항목 별로 소비자 만족도를 매길 때는 정확한 소비자 조사를 통해 객관적인 점수를 책정하는 것이 중요하다.

(표 3.10) 상대적 가치 분석

품질	소비자 중요도	테크노스타 만족도	혜택	커스토솔루션 만족도	혜택	코스트알러트 만족도	혜택
제품 재료	3	5	15	3	9	2	6
의학 관련 교육	1	2	2	3	3	1	1
상담	4	3	12	5	20	1	4
임상자료	3	4	12	3	9	2	6
임상 경험	5	4	20	3	15	3	15
품질 혜택 총점			61		56		32

편의성	소비자 중요도	테크노스타		커스토솔루션		코스트알러트	
		만족도	혜택	만족도	혜택	만족도	혜택
기기 크기	4	5	20	3	12	2	8
진행 시간	5	4	20	3	15	2	10
주문	2	4	20	3	6	2	3
영업 지원	3	4	20	3	9	1	3
편의성 혜택 총점			61		42		32

비용	소비자 중요도	테크노스타		커스토솔루션		코스트알러트	
		비용	원가	비용	원가	비용	원가
기기 가격	5	5	25	3	15	2	10
처분 가격	3	4	12	3	9	1	3
교육 시간	2	3	6	3	6	2	4
비용 혜택 총점			43		30		17
상대적 가치 점수			71		78		47

➡ **경쟁사 분석 모델**

경쟁이라는 단어를 사용하면 많은 사람들은 대부분 이런 식으로 받아들인다. 즉 업종이 다르고, 예산 규모가 다르고, 사원들도 다르다며 감정적으로 받아들인다. 하지만 감정을 뒤로 하고 경쟁사들에 대해 알고 있는 정보를 이성적으로 파악해 보아야 한다. 다음 모델들은 시장의 경쟁 구도를 파악하고 경쟁 우위를 확보할 수 있는 방법을 제공한다.

경쟁력 분석(Competitive Strengths Assessment)

경쟁력 분석 모델은 여러 가지 성공요소을 갖고 기업을 비교하는 모델이다. 표 3.11에서는 커스토솔루션, 테크노스타, 그리고 코스트알러트 사를 이 모델을 이용해서 비교했다.

이 모델을 활용하는 방법은 먼저 기업의 제품을 맨 윗줄에 적은 후 3개 정도의 경쟁사들을 적는다. 그 후에 이 분야의 주요 성공 요인들을 '측정요소'라는 항목 밑에 차례로 나열해서 적는다. 다음으로 각 성공 요인들마다 경쟁력에 미치는 영향을 0과 1 사이의 점수 (예 0.15, 0.25, 0.5)로 평가한다. 여기서 기억할 점은 모든 점수의 합산이 1이 되어야 한다는 것이다. 다음 순서는 각 기업마다 주요 성공 요소를 얼마나 갖췄나에 따라 0에서 10 사이로 점수를 매기는 것이다. 성공 요소를 많이 갖고 있을수록 높은 점수를 받는다. 마지막으로 경쟁력에 미치는 영향

〈표 3.11〉 경쟁력 평가

측정요소	경쟁력에 미치는 영향	커스토솔루션		테크노스타		코스트알러트	
		평가	점수	평가	점수	평가	점수
제품 효능	.25	7	1.75	9	2.25	5	1.25
크기	.20	6	1.2	8	1.6	4	0.8
임상 자료	.15	6	0.9	7	1.05	3	0.45
임상 경험	.10	6	0.6	6	0.6	4	0.4
기준 가격	.08	6	0.48	7	0.56	3	0.24
영업 지원	.07	4	0.28	3	0.21	2	0.14
의료 관련 교육	.05	4	0.2	2	0.1	2	0.1
훈련 지원	.05	5	0.25	6	0.3	3	0.15
주문량	.05	6	0.3	3	0.15	4	0.2
총 합산 점수	1		5.96		6.82		3.73

력과 기업 점수를 곱해서 최종 점수를 기업마다 계산한다. 모든 성공 요소 점수를 합산한 것이 기업의 경쟁력이라고 볼 수 있다. 다른 회사들과의 격차가 클수록 경쟁력이 높은 기업이다.

전략 그룹 지도(Strategic Group Map)

전략 지도는 경쟁자 구도를 시각적으로 살펴보고 둘 사이의 차별화 기준을 찾아내기 위해서 사용한다. 경쟁사들 끼리 시각적으로 비슷한 위치에 있다면 비슷한 전략을 사용한다고 보면 된다. 3.12는 전략 지도의 예이다.

전략 지도를 만들기 위해서는 경쟁력을 평가 할 수 있는 2가지 항목 (예 접근성, 가격)을 정하고 그래프의 가로축과 세로축에 적는다. 표 3.12를 살펴보면 기술력과 서비스라는 항목이 선택되었음을 볼 수 있다. 이제 각 기업의 그래프 위치를 찾아서 표시한다. 이 예에서 사용한 기업들은 전략 면에서 많은 차이를 보인다.

(그림 3.12) 전략 지도

➡ 기업 분석 모델

경쟁사와의 제품 경쟁 또는 소비자 불만을 접할 때 해답은 주로 기업의 내부에서 찾을 수 있다. 기업을 객관적으로 분석하면서 효과적으로 운영되는 부분과 개선 가능한 부분들을 살펴보면 위기를 극복할 수 있다. 기업 내부를 분석한다는 것은 명절 직후 살이 오른 모습을 보는 것처럼 불편할 수도 있다. 하지만 효과적인 기업 운영을 위해선 반드시 필요하다.

기회 매트릭스(Opportunity Matrix)

기회 매트릭스 모델은 포착한 기회를 최대화하기 위해서 각 부서마다 지원해야할 부분들을 정리하는데 매우 유용한다. 이 과정은 SWOT (강점(Strength), 약점(Weakness), 기회(Opportunities), 위협(Threats)) 분석과 연계해서 하면 실행사항들의 우선순위를 정할 수 있어서 더욱 효과적이다. 이 모델을 사용해서 실현 가능성과 기업에 미치게 되는 영향을 평가하고 그에 따른 순위를 갖고 기업 자원은 나누게 된다. 그림 3.13은 커스토솔루션의 기회 매트릭스이다.

기회 매트릭스를 만들기 위해서는 SWOT 분석을 통해서 찾아낸 기회들을 사용하면 된다. 찾게 된 기회들 마다 실현 가능성을 평가하기 위해서 0에서 10사이로 점수를 매기면 된다. 이때 점수가 높을수록 가능성이 높다. 같은 방법으로 기회가 실현되었을 때의 기업에 미치게 되는 영향도 채점한다. 이렇게 분석을 한 후에 각 기회들을 메트릭스에 표시하면 된다.

이 과정을 각 기회 마다 반복하다 보면 기회들을 세 가지 단계로 분

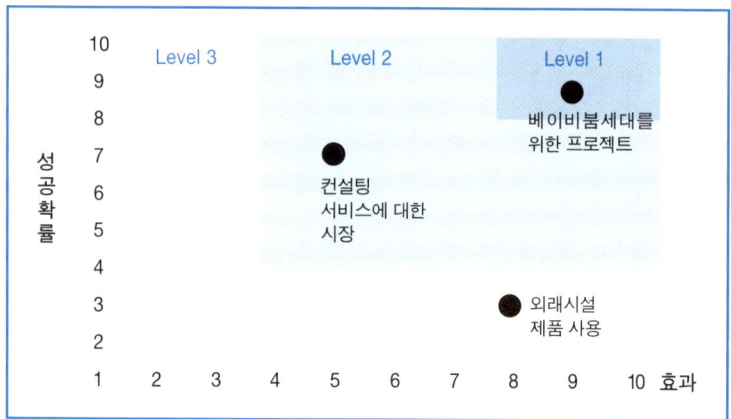

(그림 3.13) 기회 매트릭스

류할 수 있을 것이다. 단계가 낮을수록 실현 가능성과 기업에 끼치는 영향이 크다. 첫 번째 단계에 해당되는 기회들은 두 번째나 세 번째 단계에 비해 많은 지원이 필요하다. 하지만 전략적 사고는 이성적이면서도 직관에 영향을 받기 때문에 세 번째 단계에 속해 있다고 해서 그 기회를 포기해야 하는 건 아니다. 단지 객관적으로 실현 가능성이 상대적으로 낮다는 것이다. 같은 맥락으로 '위기'를 갖고 이 모델에 적용해 볼 수 있는데 이때 세로축을 '실현 가능성'에서 '발생 확률'이라고 고치면 된다.

➡ SWOT 요소 재배치

SWOT 요소 재배치 모델은 내부적인 능력(기업의 강점과 약점)을 외부 가능성(기회와 위기)를 재배치해서 분석해봄으로써 전략을 개발하는 과정이다. SWOT 분석을 통해서 찾아낸 정보들을 사용할 수 있게 해주는 도구이다. 표 3.14는 커스토솔루션의 SWOT 요소 재배치를 보여준다.

이 모델을 적용하기 위해서는 앞서 분석한 강점, 약점, 기회, 위기들을 칸에 맞게 도표에 적는다. 다음으로 강점과 기회, 강점과 위기, 약점과 기회, 그리고 약점과 위기를 재배치시켜 가면서 각 조합을 위한 전략을 구상한다. 이 모델을 사용하기 위해서는 SWOT 분석이 먼저 완성되어야 한다.

(표 3.14) SWOT 요소 재배치

외부적 \ 내부적	강점 1. 소비자 지식수준 2. 계약 확립 3. 다양한 포트폴리오	약점 1. 마케팅 자원 2. 더딘 성장 3. 연구개발 투자 4. 품질 개선 해결책
기회 1. 외래 환자 시설 2. 베이비붐 세대 수요 3. 상담 서비스 확장	전략 1. 향상된 소비자 지식수준을 이용해서 외래 환자를 위한 상담 서비스 제공	전략 1. 제한된 마케팅 자원을 크게 성장하는 외래시설에 지원함 위협
위협 1. 경쟁사의 구도 변화 2. 소비자들의 영향력 증가 3. 독점 계약에 대한 소비자 반감	전략 1. 독점 계약을 권장하기 위해서 리더십 훈련 등의 인센티브 제공	전략 1. 소비자들의 요구 조건에 신속하게 대응할 수 있는 부서 구성

Dive master practice

! 4개의 비즈니스 구성요소(시장, 소비자, 경쟁사, 기업)를 분석하는 모델 한 가지 씩을 선정해서 기업에 대입해 보자. 이 과정을 통해 어떤 통찰력을 얻게 되었는가? 모델을 더욱 효과적으로 적용하기 위해서는 어떤 정보가 더 필요 한가. 이제는 동료들과 함께 모델을 활용해 보라. 이 모델을 적용할 때 많은 정보를 제공해 줄 수 있을 사람은 누구인가?

이번 장의 핵심 내용

- 전략적 통찰력이란 두 가지 이상의 정보를 통합하여 경쟁력을 키울 수 있는 아이디어로 개발시키는 것이다.
- 통찰력을 구성하는 요소들에 대해서 충분히 연습하면 안목을 키울 수 있다. 이 요소들은 1) 상황 2) 소비자 3) 질문 4) 모델이다.
- 상황은 사건이 일어나는 환경 혹은 배경이다.
- 상황 이해를 방해하는 세 가지 원인
    1. 연간 평가 생략
    2. 절대적 성과 평가
    3. 정확한 진단 없이 제시한 해결책

- 상황을 예측해볼 수 있는 도구들
    1. 전략의 재정비
    2. 관찰을 통한 행동 결정(OODA)
    3. 상황 탐지기 작동

- 소비자들은 기업의 신제품을 평가할 수는 있으나 미래를 예측할 수는 없다.
- 소비자들의 행동을 깊게 관찰하다보면 내제되어 있는 그들의 필요를 찾아낼 수 있는 통찰력을 배울 수 있다.
- 통찰력을 키우기 위해서 3가지 방법이 있다.
    1. 창의적인 통찰력을 위한 5단계
    2. 스캠퍼 전술
    3. 아이디어 상자

- 모델은 어떤 아이디어나 이론, 체계 등을 시각적으로 나타내어, 특성을 더 자세하게 연구할 때 사용되기도 한다.
- 전략적 사고 모델들 중 사업의 4가지 요소를 모두 분석할 수 있는 것을 선택해야 한다.
    1. 시장(PEST 분석, 경쟁을 위한 5가지 요소)
    2. 소비자(비즈니스 드라이버 매트릭스(Business Driver Matrix), 상대적 가치 분석)
    3. 경쟁자(경쟁력 분석, 전략 지도)
    4. 기업(기회 매트릭스, SWOT 요소 재배치)

CHAPTER 04
분배
한정된 **자원**을 현명하게 활용하기

바다의 평온함과 아름다움을 바라보고 있노라면
깊은 바다 속에 숨어있는 세찬 힘을 예상하지 못하며,
사자의 부드러운 발바닥만을 보고 있노라면
그의 날카로운 송곳니의 위력을 잊게 된다.

허먼 멜빌(Herman Melville), 소설가이자 시인

전략적 사고를 위한 두 번째 훈련은 분배의 기술을 배우는 것이다. 안목을 키우고 통찰력을 얻게 된다면 자원 분배를 위한 기본적인 틀을 잡게 된 것이다. 전략의 정의가 제한된 자원을 가장 효과적으로 사용하는 것이라는 점을 기억하라. 자원 배분은 전략의 핵심이다. 한정된 자원을 가장 효과적으로 활용할 수 있는 것이 기업의 성패를 가르기 때문이다. 영국 워릭 경영 대학원의 존 맥기(John McGee)교수는 "기업 간의 다양성은 경쟁력을 높이기 위해 각자 다른 투자 결정을 했기 때문에 생

긴다."라고 했다.

다음은 어느 대형 제조회사의 보조 감사관의 일화로서 자원의 적절한 분배가 전략에 어떠한 영향을 미치는지 엿볼 수 있다.

대형 굴뚝을 만들기 위해 한 부서로부터 자본 수정 의뢰를 받았다. 굴뚝 하나만 갖고 무슨 일을 할 수 있겠냐 싶어서 직접 그곳을 방문해 보았다. 그들은 이미 사내 비용 청구서로 공장을 세우고 장비를 갖추고 있었다. 하지만 비용 청구의 최고 금액인 5만 달러를 초과한 굴뚝만을 짓지 못하고 있었다. 그들이 기업에서 새 공장을 짓는 것을 반대할 거라는 것을 알았지만 생산력을 높이고 이익을 창출하기 위해서 꼭 필요하다는 확신이 있었기에 그냥 짓기로 했다는 것이었다. 나는 순간 할 말을 잃었다.

전략 기획을 종이 한 장에 정리해서 보고할 수 있을지는 모른다. 그러나 실질적인 전략의 실행은 기업 내에서 일상적으로 벌어지는 자원의 부서별 배분으로 이뤄진다. 이런 결정들은 통찰력에 의지하기보다는 주로 눈에 보이는 성과(즉 빙산의 일각)를 갖고 이루어진다. 그래서 현상유지만 할 뿐 혁신을 일으키지 못한다. 다이버들이 잠수 중에 항상 산소 양과 호흡을 체크해야 하듯이, 경영자들도 기업 내의 한정된 자원에 대해 늘 파악하고 있어야 한다. 기업 자원의 효과적인 분배를 통해서 기업의 능력을 극대화할 수 있는 것이 매우 중요하다.

기업 자원의 세 가지 형태

자원은 기업의 형태와 업계에 따라서 조금씩 다르다. 하지만 일반적으로 세 종류로 나누어 볼 수 있다.

  1. 유형 자원: 물리적 자산, 자금
  2. 무형 자원: 기업 문화, 브랜드, 인지도
  3. 인적 자원: 지식, 능력, 기술

많은 경영자들은 유형의 자원(특히 자금)을 늘리면 성공으로 이어질 것이라고 생각한다. 하지만 메이저리그 야구의 예만 보더라도 이 같은 생각은 잘못되었다는 것을 알 수 있다. 지난 8개 시즌 동안 뉴욕 양키즈 팀은 단장 브라이언 캐쉬맨(Brian Cashman) 아래서 다른 팀에 비해 상당히 높은 연봉을 지불했다. 지난 2007년 팀별 연봉을 살펴보면, 뉴욕 양키즈가 2억 7백만 달러, 보스톤 레드 삭스가 1억 4천 3백만 달러, 클리브랜드 인디언스가 6천 1백만 달러, 콜로라도 로키스가 5천 4백만 달러, 그리고 아리조나 다이아몬드 백스가 5천 2백만 달러였다. 하지만 역설적으로 2007년 시즌에서 1억 4천 6백만 달러나 낮은 연봉을 받았던 클리브랜드 인디언스가 뉴욕 양키즈를 이겼다. 실제로 지난 8년간(2001-2008) 뉴욕 양키즈는 그들의 높은 연봉에도 불구하고 월드 시리즈를 이기는데 실패하였다. 이는 제한된 자원을 가장 현명하게 사용하는 것이 전략이라는 것을 다시 한 번 입증한다.

반면에 무형의 자원의 중요성은 말로만 그치는 경우가 많다. 경쟁을 높이기 위한 전략 회의는 예산과 가격 경쟁에 집중한다. 이와 달리,

버진(Virgin), 사우스웨스트 항공, 그리고 포시즌스 호텔 & 리조트(Four Seasons Hotel and Resorts)는 기업 문화와 브랜드 이미지와 같은 무형 자원을 기반으로 성공 거둔 기업들로 인식 받고 있다. 이런 성공담을 듣고서도 많은 기업들은 그들이 보유하고 있는 무형 자원을 살펴보지 않는 실정이다.

무형의 자원의 가치는 객관적인 연구 결과를 통해서도 나타난다. 뉴욕 대학교 스턴 경영 대학원의 애스워드 다모다란(Aswath Damodaran) 교수는 무형 자원의 가치를 직접 계산해보았다. 그는 코카콜라(Coca Cola) 사를 연구한 결과 기업가치의 89 퍼센트가 무형 자원인 기업 브랜드에 집중되어있으며 수십억 달러의 가치를 갖고 있다고 밝혔다.

인적 자원 중에는 재능과 시간이 가장 중요하다. 재능은 기업에 지식과 기술력의 형태로 나타난다. 재능은 눈에 보이는 반면 그를 뒷받침해 주는 지식과 기술력은 그렇지 않다. 많은 기업이 직면한 과제는 그들이 보유한 지식과 기술력을 부서, 사업 단위, 그리고 지사들에 걸쳐서 효과적으로 나누는 것이다. 지식이 힘인 현 시대에서는 인적 자원을 최대한으로 활용해서 얻게 되는 통찰력을 수집하고 기록하고 공유할 수 있는 기반을 마련하는 것이 중요하다.

> 개인이나 집단 또는 부서가 시간을 가장 중요한 동시에 가장 파악하기 어려운 부분이다.

개인이나 집단 또는 부서가 시간을 어떻게 사용하는 것은 가장 중요한 동시에 가장 파악하기 어렵다. 기업에서는 실행 계획, 활동 보고서, 근무 시간 일지 등의 형태로 직원들의 시간 사용을 점검하려고 한다. 이런 방법을 통해 시간 관리를 어느 정도 통제할 수는 있다. 하지만 직원들의 이 같은 활동들을 위한 시간 투자가 기업에 얼마나 실질적인 이득을 가져오는지 판단할 수는 없다.

하버드 경영 대학원 로버트 카플란(Robert Kaplan) 교수는 다음과 같이 말했다. "일주일을 시간별로 나누어서 시간을 어떻게 보냈었는지 살펴보라. 각 시간마다 한 활동들을 경영개발, 인사 관리, 전략 계획 등의 유형으로 분류해서 시간을 어떻게 투자하고 있는지 분석해본다면 자신이 목표한대로 시간을 사용하지 않고 있다는 것을 알게 될 것이다."

성공적인 전략을 위해서 보유하고 있는 자원들은 다음의 4가지 기준을 충족시켜야 한다.
1. 복제 불가능: 재현 또는 복제가 어려운 자원
2. 가치 창출: 소비자들에게 높은 가치의 제품으로 이어질 수 있는 자원
3. 지속 가능성: 지속적으로 사용 할 수 있는 양
4. 대체 불가능: 비슷한 성능을 가진 대체품이 없는 자원

1984년 20명의 길거리 연기자들로 시작된 '태양의 서커스(Cirque du Soleil)'의 성공 신화를 살펴보자. 오늘날 '태양의 서커스'는 40개국에 걸쳐 3천 5백 명 이상의 직원이 6억 달러 이상의 수익을 올렸다. 위에서 언급한 자원의 기준으로 분석해보면 이들의 성공 요인을 찾아볼 수 있다.

1. 복제 불가능: 서커스의 단원들은 국가대표 선수로 발탁되었을 정도로 훌륭한 실력을 갖고 있는 무용수와 체조선수들이다. 그들은 늘 자기 계발을 하고 극소수에 불과하다. '태양의 서커스'의 제작자 가이 랄리베르테(Guy Laliberte)는 그의 비전을 실현시키기 위해서 실력파 디자이너, 아티스트, 그리고 음악가들을 모집하여 재현될 수 없는 드림팀을 구성했다.

2. 가치 창출: 수준급 단원들은 세련된 기교로 독특한 공연을 선사하며, 4개 대륙 100개의 도시에 걸친 순회공연은 높은 가격에도 불구하고 매진 행렬을 이어오고 있다.

3. 지속 가능성: 단원들은 놀라운 실력을 보유하고 있으며 강한 훈련도 무리 없이 소화한다. '태양의 서커스'의 스카우트 담당자 셀린 라벨리(Celine Lavallee)는 세계적인 인맥으로 발굴한 재능을 지속적으로 공연에 포함시켜 선사한다. 거인, 곡예사, 소매치기, 광대, 전위예술가 등 다양한 특기를 가진 사람들이 서커스단에 스카우트를 받는다.

4. 대체 불가능: '태양의 서커스'는 키가 2m에 달하고 몸무게가 200kg 나가는 아르헨티나 오페라 가수 등 이색적인 단원들을 중심으로 모집한다. 이들의 배역을 대신할 수 있는 사람들이 없기 때문에 때로는 공연을 수정해야 할 때도 있다. 다른 서커스단도 '태양의 서커스'에 도전장을 내밀었지만 이 서커스

단의 브랜드 이미지와 제작자의 비전으로 개발된 수준 높은 공연을 가히 대적할 수 있는 상대는 없다.

고도의 집중력

집중한다는 것을 모든 것에 긍정적으로 반응해야 하는 것이라고 오해하는 사람들이 많다. 하지만 집중은 오히려 탁월한 한 번의 선택을 위해 뭔가 부족한 100가지 다른 제안들을 거절하는 것이다. 나는 우리가 진행했던 비즈니스들만큼이나 현명하게 거절한 비즈니스들에 대해서도 자부심을 갖고 있다. 스티브 잡스(Steve Jobs), 애플 최고 경영자

효과적인 자원 배분은 집중하는 능력에 달려있다. 집중력을 통해 기업 자원을 균일하게 나누기보다 전략적으로 최대한의 효과를 낼 수 있도록 배분할 수 있어야 한다. 이때 협상 능력이 요구되는데 한 가지에 집중하기 위해서는 때론 다른 분야를 포기해야 할 경우도 생긴다. 예를 들어 업계에서 낮은 가격으로 인정받기 위해서는 연구 개발에 상대적으로 덜 투자해야 할 수도 있다.

협상과 타협은 경영자들이 어렵게 느끼는 부분이다. 경영자들은 모든 부서에게 공평하게 같은 양의 자원을 분배하고 싶어 한다. 이는 마치 농부가 모든 밭의 작물들이 똑같은 수확을 내기 바라면서 같은 양의

> 집중력을 통해 기업 자원을 균일하게 나누기보다 전략적으로 최대한의 효과를 낼 수 있도록 분배하는 것이 중요하다.

비료를 주는 것 과 같다. 같은 양의 자원을 주었다고 해서 모든 부서들이 같은 효과를 발휘할 수 있는 것은 아니다.

전략이란 무엇을 할지 선택하는 것만큼이나 무엇을 하지 않을지를 신중하게 고려하는 것이다. 타협을 위해서는 집중력이 필요하고 때로는 위험부담을 감수하는 선택을 해야 한다. 도전을 두려워한다면 고도의 전략을 통한 성공을 거두지 못한다. 자원 분배와 관련된 전략을 구상할 때 두 부류의 질문에 답해 보면 효과적이다.

첫 째로,
1. 서비스를 제공하는 대상은 누구인가?
2. 제공하려는 서비스는 무엇인가?
3. 이 서비스는 어떻게 제공되는가?

첫 번째 부류의 질문들에는 쉽게 답할 수 있다. 하지만 대부분의 경영자들이 어려워하는 부분은 두 번째 부류의 질문들이다.
1. 서비스가 현재 미치지 못하는 소비자층은 어디인가?
2. 제공하고 있지 못한 서비스는 무엇인가?
3. 왜 이 서비스는 제공되지 않는가?

위의 질문들에 답을 해본다면 자원을 좀 더 생산성이 높은 부서로 새롭게 배분할 명분이 생길 것이다. 작가 리차드 코흐(Richard Koch)는 이렇게 말한다. "기업은 자원을 수익성이 낮은 비즈니스에서 수익성이 높은 비즈니스로 이동시킴으로서 발전한다. 많은 기업들이 범하는 실수는 수익을 내지 못하는 사업을 계속 유지하는 것이다. 전략의 핵심은 기업이 가장 수익성이 높은 사업들을 파악해서 기업 자원을 그곳에 전력으로 투자하는 것이다."

맥주 업계의 말을 인용하자면 '때를 정확히 파악하는 것'이 중요하다. 즉, 어떤 비즈니스가 기업에 별다른 이득을 내지 못한다고 판단된다면, 언제 그 비즈니스를 포기하고 다른 곳에 자원을 배분할지를 결정하는 것은 매우 중요하다.

맥킨지에서 천여 명의 글로벌 기업 경영자들을 대상으로 자원 배분에 관한 설문조사를 실시하였다. 그 결과 지난 3년간 경영자들의 23퍼센트가 기업 자금의 25퍼센트를 전혀 수익성이 없는 사업에 투자되었다고 대답했다. 한정된 자원을 저조한 성과를 내는 사업에 계속 투자하는 것은 전략적 사고의 부족으로 인한 현상이다. 전략적 사고를 하기 위해서는 시장, 소비자, 경쟁사, 그리고 기업 내부를 모두 고려한 통찰력이 지속적으로 필요하다. 좋은 전략가는 자원이 현재 어떻게 투자되고 있으며 어떤 실적을 내고 있는지 지속적으로 평가해야 한다.

비효율적인 자원 배분이 경영자들의 소심함 때문에 발생하는 경우도 있다. 기업 분위기상 잘못된 판단으로 혹독한 대가를 치르게 된다면 경영자들은 자연스럽게 위험부담이 적은 선택을 하게 된다. 하지만 도전을 두려워한다면 전략은 그만큼 영향력이 없어진다. 전략은 조정과 타협이 필요하기 때문에 위험부담이 뒤따르고 때로는 실패로 이어지기도 한다. 하버드 경영대학원의 마이클 비어(Michael Beer) 교수는 자신이 관찰한 바를 이렇게 설명 한다. "경영자들은 현재 이윤을 낼 확률이 높은 사업에는 쉽게 자원을 투자하므로 자신의 성과를 높이려고 한다. 하지만 상대적으로 새로운 기회들과 혁신들에는 충분히 지원을 하지 못한다. 이는 기업의 장기적인 효율성과 성과에는 악영향을 미칠 수밖에 없다."

이상적인 세상에서는 자원이 객관적인 방법으로 분배되고 기업 전체에 긍정적인 결과를 가져온다. 반면에 현실 세계에서는 감정, 재정, 그리고 개인의 우선순위가 자원 배분을 매우 어렵게 만든다.

성장을 위한 가지치기

> 책 보다는 숲 속을 거닐며 더 많은 것을 배울 수 있다. 위대한 스승보다도 나무와 바위들을 통해 더 많은 것들을 배울 수 있다. 세인트 버나드(Saint Bernard, 1090-1153)

우리는 나무로부터 어떤 전략을 배울 수 있을까? 아이작 뉴튼(Isaac Newton)은 나무에서 떨어지는 사과를 보고 만유인력을 발견했다. 그런데 어떤 경영자들은 지나치게 전술에만 의존하면서 큰 그림을 보지 못한다. 그들은 "우거진 나무 때문에 숲을 볼 수가 없군." 하며 한탄한다.

나무를 길러본 적이 있다면 강하고 건강한 나무로 자라게 하기 위해 가지치기를 해봤을 것이다. 이는 거창하지는 않지만 한 해라도 소홀히 하면 나무는 병에 걸리고 성장이 멈추는 위험을 겪게 된다. 기업을 위해서도 가지 치는 노력을 하고 있는가? 기업 경영자들은 운영에 필요한 자원을 충분히 갖고 있으면서도 지원이 더 필요하다고 요구한다. 정작 비즈니스에 자원이 필요할 때 낡고 비효율적인 사업에 자원이 묶여 사용할 수 가 없기 때문이다. 모든 비즈니스에 자원을 배분할 수는 없기 때문에 현명한 거절도 필요한 것이다.

목적이 없는 회의, 당신과 직접적인 관련이 없는 사항에 관한 의견 수렴, 그리고 유용한 정보를 전혀 제공하지 않는 박람회 등은 가장 먼저 가지치기의 대상이 되어야 한다. 한정된 시간이라는 자원을 전혀 효율이 없는 활동에 투자하는 것은 주주들에게, 주식을 일일이 포장 박스에 담아서 건네는 것과 같이 무의미한 일이다. 하지만 사람은 변화를 싫어하기 때문에 습관은 쉽게 바뀌지 않는다.

존스 홉킨스 대학의 의과대학 학장이자 대학병원 원장 에드워드 밀러(Edward Miller) 박사는 다음과 같이 관찰 결과를 설명했다. "관상 동맥 수술을 받은 환자들의 90퍼센트는 2년 후에도 자신들의 생활 습관을 바꾸지 못했다. 그들은 자신의 생활습관이 건강에 매우 안 좋다는 것을 알고 있음에도 불구하고, 평생 유지해온 생활 습관을 개선하지 못한다."

조사에 따르면 95퍼센트의 기업들은 경영자들의 시간을 중요한 활동에 집중시킬 수 있도록 하는 방침이 없다. 그리고 운영 회의의 50퍼센트는 같은 안건을 가지고 몇 번씩 반복하거나 아예 안건이 존재하지 않는 경우도 있다. 여러 가지 자료를 통합해 본 결과, 현재의 기업들은 가지치기를 성공적으로 하고 있지 않는 걸로 보인다.

유니언 스퀘어 호스피털리티 그룹(Union Square Hospitality Group)의 대니 메이어(Danny Meyer)는 그래머시 태번(Gramercy Tavern) 과 유니온 스퀘어 카페(Union Square Cafe)라는 뉴욕에서 1위와 2위를 차지하는 레스토랑의 주인이다. 그는 거절의 중요성을 이렇게 설명한다. "나는 적절하게 거절함으로서 더 많은 돈을 벌었다. 그 이유는 거절을 통해서 돈을 잃지 않았고 품질을 희생시키지 않았기 때문이다."

전 이베이의 최고 경영자 멕 휘트먼(Meg Whitman)도 비슷한 이야기를 한다. "이베이의 핵심 전략은 추진해야 할 사업 만큼이나 중단해야 할 사업을 신중하게 고려하는 것이다. 우리는 훌륭한 아이디어가 많이 나오지만 그들 중에서 몇 가지에만 집중하는 전략을 선택한다. 즉, 6-7개의 사업에 100퍼센트를 투자하는 것이 20개의 사업에 60-70퍼센트만을 투자하는 것보다 낫다고 판단한다."

거절을 통해 성공을 거둔 유니온 스퀘어 호스피털리티 그룹과 이베이와는 달리, 야후(Yahoo)는 거절을 하지 못해서 상당히 난처한 일을 겪었다. 야후의 경영진인 브래드 갈링하우스(Brad Garlinghouse)는 '땅콩버터 현상'이라는 내부 문서에서는 '기업 자원이 너무 많은 비즈니스에 흩어져 있어서 어느 하나 제대로 진행되지 못하고 있다'고 썼다. 같은 시기 최고 경영자 테리 시멜(Terry Semel)은 "우리는 몇 개의 핵심 비즈니스에만 주력할 필요가 있다. 나는 야후의 사업 구조에서 44개의 부서가 있다는 것을 알게 되었고, 그 많은 부서들을 관리할 수 없다는 것을 깨달았다."고 하면서 부서 수를 4개로 줄였다.

미국 농림부에 따르면 가지치기는 안전, 나무의 건강, 그리고 미학을 위해서 한다고 한다. 이를 비즈니스 용어로 해석하면 이렇게 될 것이다.
1. 안전: 안정적이고 위험 부담이 없는 상황
2. 건강: 기업 내의 타협
3. 미학: 이익 없는 성장

➡ 안전 : 안정적이며 위험부담이 없는 상황

가지치기는 떨어질 위험이 있는 가지들을 미리 잘라내고, 시야를 가리는 가지들을 다듬으며, 전선 사이로 자랄 위험이 있는 가지들을 미리 제거하므로 안전을 높인다. 기업 내에서의 안전이란 같은 사업들을 늘 해오던 방식대로 진행하는 것이다. 혹시나 모를 실패의 가능성을 막기 위해서 경영자들은 가장 안전한 궤도를 선택하며 경쟁사들의 혁신적인 변화에 뒤처지는 현상을 만든다.

➡ 건강: 기업 내의 타협

나무의 건강을 위한 가지치기는 병들거나 감염된 나뭇가지를 잘라내고, 간벌을 통해 나무에 투과되는 산소량을 증가시키고, 서로 닿는 가지들을 제거해준다. 기업 내에서 타협이 이뤄져 서로 균형을 이루어야 하는 것들은, 개인의 이익(해충), 의사소통(투과 산소량), 그리고 서로 다른 견해(서로 닿는 가지)이다. 기업을 건강하게 유지하려면 적당한 타협을 통해 효과적으로 자원 배분이 이뤄져야 한다.

다시 말해, 자신의 이익만 챙기려는 부서 간의 갈등은 타협을 통해서 원만히 해결해야 한다. 반면에 스틸케이스의 최고 경영자 제임스 해켓의 말을 인용하자면, "합의는 때론 목표를 희석시킨다. 모든 사람을 만족시킬 수 있는 결정을 하기 위해서는 중립을 지켜야 하는데, 그것은 주로 최선의 선택이 아니기 때문이다."

타협이 오히려 가지치기의 걸림돌이 되는 경우는 인재 위치도를 통해 주요 인재들, 그들의 견해 그리고 결정방식을 분석하는 것이 효과적이다.

➡ 미학: 이익 없는 성장

나무의 세계에서, 나무를 아름답게 가꾸기 위한 가지치기는 나무의 형태를 개선하고 꽃 맺음을 촉진시킨다. 이익이 없는 성장은 기업이 단순히 규모만을 키우기 위한 성장을 뜻한다. 실질적인 이익을 고려하지 않은 채 새로운 사업에만 초점을 맞춘다면, 오히려 기업 전체의 가치만 떨어지는 결과로 이어질 것이다. 하버드 경영대학원 마이클 포터 교수는 이렇게 말한다. "기업을 성장시키고자 하는 강한 욕구는 효과적인 전략에 치명적이다. 타협을 하며 사업에 제한을 두는 것은 성장을 방해하는 것처럼 보인다. 또한 하나의 고객층을 확실하게 확보하기 위해 다른 고객층을 포기하는 것은 매출을 줄이는 것처럼 보인다. 하지만 낮은 가격을 앞세우며 다수의 소비자층을 확보하려는 마케팅 전략은 결국 제품의 질과 성능을 떨어뜨리며 기업의 차별화를 없앤다."

가능성이 없는 사업을 포기하면 소비자 수가 줄게 될 수도 있다. 하지만 전혀 수익을 내지 못하는 사업을 단순히 소비자 수를 유지시키기 위해서 계속 유지하는 것도 현명하지 못하다. 모든 소비자들의 욕구와 필요를 충족시킬 수는 없다. GE 최고경영자인 제프 이멜트의 말을 다시 인용하면 "소비자의 목소리를 듣고 함께 일하는 것은 통찰력을 기르는데 효과적이다. 하지만 소비자들이 기업의 전략을 세워줄 수는 없다. 소비자들과 소통하면서 얻게 된 안목을 기업 전략으로 재해석하는 것은 나의 몫이다."

미국 농림부에서 나무가 성장을 하지 않으면 가지치기를 하는 이유가 있다. 나무의 구조를 파악하기 쉽고, 가지치기로 인한 상처는 쉽게 아물며, 상처로부터 수액이 많이 나오지 않기 때문이라고 한다. 즉 기업 운영에서도 많은 변화가 일어나는 위기의 상황에서 보다는 평소에 정기적으로 가지치기를 하는 것이 효과적이다. 위기 상황에서는 원인을 해결하는 것보다 급한 불을 끄기 위한 가지치기를 하게 된다. 이때 너무 좁은 안목으로 잘못된 결정을 하게 될 확률이 높다. 월별, 분기별, 혹은 연간으로 사업들을 정기적으로 파악하고 가지치기를 한다면 앞으로의 성장 가능성을 더 높일 수 있다.

➡ **가지치기에 필요한 도구**

가지치기와 자원 분배를 위해서 효과적으로 사용할 수 있는 도구들이 몇 가지 있다. 현재의 자원 분배 현황을 먼저 파악하는 것이 시작점이며, 이때 전략 프로필을 사용하는 것이 유용하다.

➡ **전략 프로필(Strategy profile)**

전략 프로필은 경쟁 구도 내에서 기업의 전략을 분석해 볼 때 효과적으로 사용할 수 있다. 기업 내에서 업계의 경쟁력 있는 사업들에 어떻게 자원이 투자되고 있는지 파악하는 과정이다. 전략 프로필을 통해서 세 가지 통찰력을 얻을 수 있다.

1. 경쟁 업계들 사이의 구도에 영향을 미치는 요소들을 파악하며 업계의 상황을 분석한다.
2. 현재 경쟁자들과 시장 진입 가능성이 있는 기업들의 전략을 파악하며 그들이 어느 부분에 투자하고 있는지 보여준다.
3. 기업이 현재 자원을 어디에 투자하고 있으며 향후 방향을 어떻게 잡아야 할지 보여준다.

전략 프로필을 통해 주요 경쟁자들이 어느 곳에 어느 정도의 투자를 하고 있는지 이해하면 어떻게 차별화를 이끌 수 있을지 파악할 수 있다. 전략 프로필을 만들기 위해서는 다음의 과정을 따르면 된다.

1. '산업 요소'라는 칸에 투자를 고려하고 있는 비즈니스를 나열한다.
2. 맨 윗줄에 주요 경쟁사들을 적는다.
3. 각 기업마다 산업 요소들에 투자하고 있는 정도를 평가해서 1부터 10 사이에 점수를 준다.

투자 정도는 경쟁사들과 상대적으로 평가해야 한다. 예를 들어, 영업 투자 정도를 평가하기 위해서는 업계에서 영업사원이 가장 많은 기업이 가장 높은 점수를 받게 된다. 다른 기업이 내부적으로 가장 많은 자원을 영업에 투자하고 있더라도 상대적으로 영업사원 수가 적으면 더 낮은 점수를 받게 된다. 상대 평가를 하는 이유는 경쟁 기업들 간의 전략을 비교하고 그들이 어떻게 자원을 분배하는지 파악하기 위해서다.

표 4.1은 계속해서 살펴보고 있는 가상의 기업들을 가지고 만든 전략 프로필이다. 각 기업은 투자 분야 마다 상대적인 평가 점수를 받게 된다. 그 다음 평가 점수들로 그래프를 만들고 각 기업을 다른 색깔로 표시해서 비교해본다(표 4.2 참조). 앞에서 언급했듯이 이 과정을 통해서 각 기업의 전략 구도를 파악 할 수 있다. 그래프에 의하면 테크노스타는 업계 중에서 기술개발과 마케팅에 가장 많이 투자하고 있다. 반면

에, 커스토솔루션은 서비스, 컨설팅, 그리고 영업 인력에 가장 많은 투자를 하고 있으며, 코스트알러트는 모든 분야에서 최소한의 투자만을 하며 낮은 가격으로 승부하고 있다.

〈표 4.1〉 전략 프로필 -1단계

	테크노스타	코스트알러트	커스토솔루션
연구 개발	10	1	3
영업인력	5	3	8
컨설팅	1	1	9
교육	8	2	2
마케팅	9	5	3
제휴업체	2	2	6
서비스	4	2	8

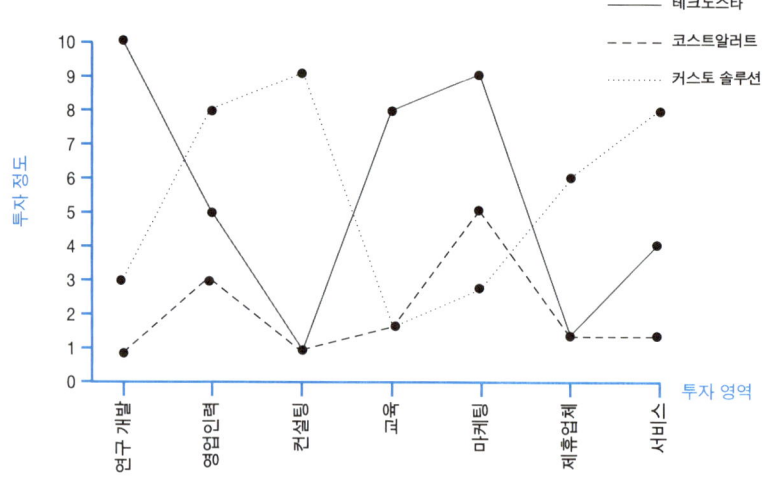

〈그림 4.2〉 전략 프로필 -2단계

➡ **협상 매트릭스(Trade-off Matrix)**

협상 매트릭스는 전략 프로필과 연계해서 사용할 수 있는 도구로서, 보다 효과적인 전략을 세우기 위해서 이루어져야 하는 협상들을 파악하는데 사용한다. 전략 프로필에서 분석한 경쟁 요소들을 가지고 투자를 중단할 '제거 대상', 더 많이 지원해야할 '증가 대상', 투자를 줄여야 할 '감소 대상', 그리고 새롭게 지원할 '창조 대상'으로 분류한다.

계속해서 세 개의 기업을 협상 매트릭스로 분석한 것이 표 4.3의 내용이다. 협상 매트릭스는 기업의 전략을 효과적으로 개선시켜 기업의 차별화를 최대화 시킨다.

(표4.3) 협상 매트릭스

커스토솔루션	
제거	증가
제휴업체	서비스 임상 상담
감소	창조
영업인력	비즈니스 컨설팅

➡ **전략 필터(Strategy Filter)**

자원 배분과 협상을 위해 사용할 수 있는 또 다른 유용한 도구로 전략 필터가 있다. 전략 필터는 몇 가지 모델들의 결합체로서 기업이 자신들의 자원을 가장 효과적으로 사용할 수 있는 방법을 제시한다. 전략 필터는 재정, 기술력, 시간의 자원을 받기 위해서 충족되어야 할 조건들을 설명한다. 자원 분배 결정이 감정적인 부분과 기업 내의 영향력이 배제된 상태로 이루어질 수 있도록 돕는다. 전략 필터는 기업 마다 차이가 있지만 항상 고려되어야 할 4가지 요소들이 있다.

1. 목적: 기업의 사명, 비전과 가치
2. 비즈니스 구상: 기업 현황, 소비자들의 우선순위, 제품, 차별성, 경쟁 전략 등을 포함한 기업의 운영 모델
3. 전략: 기업 방향과 중점
4. 영향력: 기업 자원을 필요 사업에 지원했을 경우의 효과

위의 4가지 요소들을 통해서 기업 자원 배분을 위한 틀을 만들고 기업의 목적을 고려한 결정들을 하는 것이 중요하다. 사업 기회를 전략 필터로 분석할 때는 평가 척도를 만들어야 한다. 가장 보편적으로 사용되는 것이 신호등 색을 이용한 방법이다. 파란 불은 기회가 필터의 기준을 통과한 것이며, 노란 불은 보완해야 할 부분이 있는 것이고, 빨간 불은 기회가 필터 기준에 맞지 않는 것이다.

Dive master practice

기업의 전략 프로필을 만들어보자. 주요 경쟁 요소들을 파악하고 X축에 나열한 다음 상대적인 자원 투자 점수를 1에서 10 사이로 매겨보자. 각각의 점수들을 연결해서 꺾은 선 그래프를 완성하자. 같은 방법으로 경쟁사들을 분석해보자. 경쟁사와 비교한 프로필은 어떤가? 가장 큰 차이점은 무엇이며 어느 기업의 차별성이 우위에 있는가? 좀 더 효과적인 전략을 위해서 어떤 보완이 필요할까?

➡ **전략의 연쇄 고리**

방금 먹은 네 개의 피자 조각이 내일 아침이면 고스란히 뱃살로 남듯이, 효과적인 자원 분배는 기업의 성공으로 나타날 것이다. 전략의 연쇄 고리와 자원 분배를 통해서 얻을 수 있는 이득에 대해서 살펴보자. (그림 4.4 참조).

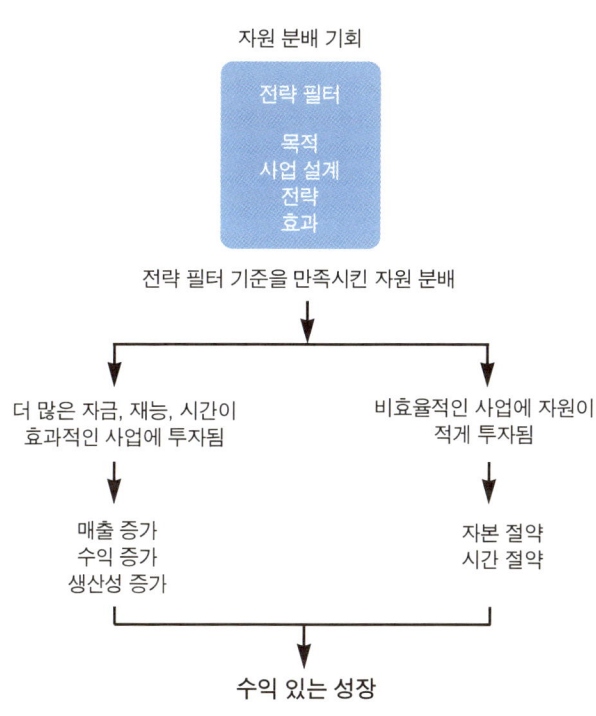

(그림 4.4) 전략의 연쇄 고리

전략의 연쇄 고리를 살펴보면 기회, 위기, 잠재적 사업 영역을 세밀하게 분석했을 경우 자금, 기술력, 시간 지원이 더욱 효과적으로 이루어진다는 것을 알 수 있다. 기업의 목적과 전략에 맞는 효과적인 사업에 지원을 투자하면 기업의 매출, 생산력, 그리고 수익의 증가로 이어진다. 또한 수익성이 낮고 기업에 이득을 주지 못할 사업에 상대적으로 기업의 자원을 낭비하게 될 가능성도 줄어든다. 이처럼 전략 연쇄 고리는 전략 필터를 통해서 향상시킨 기업의 자원 분배 과정의 효과를 검증한다. 전략적 사고를 위한 두 번째 훈련인 분배를 통해서 알게 된 또 다른 사실은 꼭 양이 많다고 해서 좋은 것만은 아니라는 것이다. 광고나 미디어를 보며 지나치게 많은 것을 추구하게 된 현 시대에서 도교의 창시자인 노자가 전달하는 전략의 핵심을 배워보자.

"위대함은 형상이 없으며, 이를 찾게 된다면 천하에 두려울 것 없이 평안과 순조로움이 찾아 올 것이다.
바퀴가 돌아가게 되는 것은 중심축으로 인함이고,
병에 물을 담을 수 있는 것은 열린 입구 때문이다.
즉, 이로움은 존재에서부터 나지만,
쓸모는 없는 것에서부터 생겨난다."

memo

이번 장의 핵심 내용

- 자원은 일반적으로 세 종류로 나누어 볼 수 있다.
    1. 유형 자원: 물리적 자산, 자금
    2. 무형 자원: 기업 문화, 브랜드, 인지도
    3. 인적 자원: 지식, 능력, 기술

- 성공적인 전략을 위해서 보유하고 있는 자원들은 다음의 4가지 기준을 충족시켜야 한다.
    1. 복제 불가능: 재현 또는 복제가 어려운 자원
    2. 가치 창출: 소비자들에게 높은 가치의 제품으로 이어질 수 있는 자원
    3. 지속 가능성: 지속적으로 사용 할 수 있는 양
    4. 대체 불가능: 비슷한 성능을 가진 대체품이 없는 자원

- 효과적인 자원 분배는 집중 능력에 달려있다. 집중력을 통해서 기업 자원을 균일하게 나누기보다 전략적으로 최대한의 효과를 낼 수 있도록 분배하는 것이 중요하다. 이때 협상 능력이 요

구되는데 한 가지에 집중하기 위해서는 때론 다른 분야를 포기해야 하는 경우도 생긴다.

- 전략이란 무엇을 할지 선택하는 것만큼이나 무엇을 하지 않을지를 신중하게 고려하는 것이다.
- 가지치기 할 때 고려해야하는 사항들
    1. 안전: 안정적이고 위험 부담이 없는 상황
    2. 건강: 기업 내의 타협
    3. 미학: 이익 없는 성장

- 전략 필터는 재정, 기술력, 시간의 자원을 받기 위해서 충족되어야 할 조건들을 설명한다.
- 전략 필터를 개발할 때 항상 고려되어야 할 네 자기 요소들이 있다.
    1. 목적: 기업의 사명, 비전과 가치
    2. 비즈니스 구상: 기업 현황, 소비자들의 우선순위, 제품, 차별성, 경쟁 전략 등을 포함한 기업의 운영 모델
    3. 전략: 기업 방향과 중점
    4. 영향력: 기업 자원을 필요 사업에 지원했을 경우의 효과

CHAPTER 05
실행
수면 위로 부상하기

물 한 방울이 모여 바다를 이루고 작은 불꽃이 모여 지구를 밝힌다.
이처럼 작아 보이는 모든 것들도 전체 이익에 중대한 영향을 미칠 수 있다.
무엇을 할 때 항상 이것을 기억해라.

한나 모어(Hannah More), 작가이자 자선 사업가

전략적 사고를 위한 세 번째 훈련은 실행이다. 항상 손에서 휴대폰을 놓지 못하는 사람들을 보면 현대인이 얼마나 바쁜 일상을 살아가는지 알 수 있다. 어니스트 헤밍웨이(Ernest Hemingway)는 "단순히 움직이는 것과 목적을 가지고 행동하는 것은 다르다"고 했다. 다시 말하자면, 분주한 것은(busyness) 필요한 업무를 하는 것(business)와 같지 않다는 것이다. 마케팅 역사상 가장 유명한 문구가 되어 버린 나이키의 '일단 해 봐!(Just Do It!)' 또한 이를 나타낸다. 하지만 이를 전략적 사고로 적용하려면 '일단 생각해 봐!'라는 의미를 가진 'First Think It'으로 바꿔

야 할 것이다.

이메일, 음성 메시지, 각종 회의 등의 홍수 속에서 숨 돌릴 틈도 없이 일하다 보면, 물에 빠진 듯 허우적거리게 된다. 일 처리 할 때는 급한 일보다 중요한 일에 집중하는 것이 필요하다. 통찰력과 자원 분배의 달인이 된 당신은 이제 마지막으로 전략을 실행하고 적용하는 방법을 배워야한다.

전략의 실행

전략을 실행하기 위해 많은 훈련이 필요하다는 것은 연구 결과를 통해서 이미 밝혀진 사실이다. '이코노미스트 인텔리전스 유닛(Economist Intelligence Unit)'은 매출 5억 달러 이상인 197개의 글로벌 기업의 고위 운영진을 대상으로 설문조사를 하였다. 그 결과 다음의 내용을 발표했다.

조사결과, 대부분의 전략들은 역량의 63퍼센트에 그치는 성과를 냈고, 경영진의 3분의 1이상이, 반 이상의 전략이 실패할 거라고 예측했다. 경영진이 전략의 잠재적 가치를 충분히 인식 한다면 기업의 가치는 60-100퍼센트까지 증가할 수 있다.

훌륭한 전략을 세우기만 하면, 저절로 전략이 실행될 거라는 착각을 하기가 쉽다. 그러나 400개 이상의 기업을 조사한 결과, 경영진의 49퍼센트는, 기업의 전략 구상 능력과 그 실행 능력에는 큰 차이가 있다고 말했다. 또한 그 중 64퍼센트에 해당하는 경영진들은, 그 차이를 줄일 수 없을 거라고 답했다. 이코노미스트 인텔리전스 유닛(Economist Intelligence Unit)에서 실시한 다른 조사에서는 지난 3년간 57퍼센트의 기업에서 자신들이 구상한 전략들을 실행하는데 실패했다고 밝혔다. 하지만 전략을 실행하는데 따르는 어려움과 이를 도울 수 있는 방법들에 대해서 이해한다면, 전략을 성공적으로 실행에 옮기고 기업을 성공 궤도에 올리는 확률을 높일 수 있다.

기원전 500년 무렵 중국 오나라 왕 합려는 손무 장군의 '손자병법'을 읽고 그를 궁으로 불러서 병법을 시험해보고자 했다. 손무 장군은 이를 승낙하는 조건으로 왕의 후궁들을 자신에게 내주고, 왕에게 자신의 모든 요구를 들어달라고 했다.

손무 장군은 후궁들을 두 무리로 나누고, 왕의 총애를 가장 많이 받던 두 후궁을 각 무리의 책임자로 지명했다. 그는 후궁들에게 병법의 핵심을 설명해준 뒤 모든 내용을 이해했는지 물어보았다. 후궁들은 다 이해했다고 답했다. 그러나 장군이 명령을 내리자 그들은 그저 웃음을 터트릴 뿐이었다. 이에 손무는 "전략을 설명하고 이해시키는 것은 장군의 책임"이라고 말하고 병법을 다시 설명해주었다. 하지만 두 번째 설명 이후에도 후궁들은 계속 웃기만 하였다. 손무는 이번엔 "전략을 이해했는데도 이를 따르지 않는 것은 책임자의 잘못"이라며 각 무리의 책임자를 처형시킬 것을 왕에게 요구했다.

왕은 순무에게 그의 전략을 이해했으니 그 둘을 처형할 필요는 없다고 말했다. 하지만 손무는 그가 내세운 조건을 상기시켜 결국 두 후궁은 처형되었다. 손무는 다른 두 후궁을 책임자로 세우고 그들에게 다시 명령을 내렸다.

이번엔 곧바로 손무의 명령을 따랐다. 왕은 아끼던 두 후궁의 죽음으로 상심하여 더 이상 그 과정을 지켜보지 않았다. 손무는 이 말을 남기며 떠났다. "전하께서는 말은 앞서시나 그것을 실행할 용기는 없으시군요."

전략을 실행한다는 것은, 휴양지에서 진행하는 야외미팅이나 화려한 신제품 출시와 같이 즐거운 일이 아니다. 따라서 사람들은 전략 실행의 어려움을 간과하게 된다. 전략을 실행하는 것은 팔을 걷어붙이고 세부적인 것까지 파고들어 전략에 생명을 불어넣는 일이다. 전략 실행을 잘하지 않으면 당신이 가진 전략은 쓸모없는 것에 지나지 않는다.

전략 실행의 5가지 오류와 해결책

전략 실행에 있어 범하게 되는 5가지 오류에는 ①잘못된 전략, ②명확하지 않은 지원 요청, ③의사소통 장애, ④책임감 결여, 그리고 ⑤대비책 부족이 있다. 그렇다면 이에 대한 해결책들을 자세하게 살펴보자.

실행오류 ❶ 잘못된 전략

콩 심은데 콩 나고 팥 심은데 팥 난다고 했다. 성공적인 전략 실행을 위해서는 전략이 사전에 개발되어야 한다. 전략을 실행하는 것이 어려울 뿐이지, 전략 구상은 쉽게 할 수 있는 일이라며 많은 경영자들이 자만한다. 하지만 절대 그렇지 않다! 수십 억 달러의 매출을 기록한 세계적인 기업들은 주요 전략으로 세계적인 진출, 혁신적인 제품, 기술력 증진을 꼽는다. 이런 점을 미루어보아 전략 구상은 쉬운 일이 아니다.

GE사의 전 최고 경영자 잭 웰치(Jack Welch)는 전략 개발과 전략 실행 둘 다 동일하게 중요하다고 했다. 하지만 기업은 개발이나 실행 중 한 가지만 집중하는 경향이 있다. 그렇게 되면 그 기업은 경쟁력을 잃게 될 것이다. 그러므로 기업은 개발도 실행도 모두 신경써야한다.

해결책

앞서 살펴보았던 전략이라고 쉽게 오해 받는 포부, 모방, 그리고 신중을 기억하는가? 전략을 분석해서 위의 세 가지와는 확실히 구별되는지 살펴보자. 이 과정을 통해서 전략 실행을 위한 기반을 마련하고 기업 전반에 전략에 대해 소통할 수 있도록 방향성을 확립하자.

오류 ❷ 명확하지 않은 지원 요청

전략 개발과 전략 실행 사이에는 쉽게 간과되는 부분이 하나 있다. 전략을 위해서 필요한 자원들(무형, 유형, 인적 자원)을 확실하게 파악하는 것이다. 전략을 진행시키기 위해서 무엇이 필요한지 세심하고 정확하게 검토한 적이 몇 번이나 있는가? 기업 내부에서 지원 되어야 할 요소 이외에도 공급처, 배급처, 그리고 다른 계열사에서 지원 받아야 될 사항이 있다면 모두 파악하여 성공을 위한 조건들을 충족시켜야 한다.

해결책

자원 분배 계산 도구(표 5.1 참조)를 사용하면 전략을 실행하기 위해 충분한 지원이 가능한지 평가할 수 있다. 유형, 무형, 그리고 인적 자원에 걸쳐서 기업에서 보유하고 있는 양과 전략에 필요한 양을 직접 비교하는 것이다. 기업에서 보유하고 있는 자원이 필요한 양보다 많으면 이 전략은 푸른색으로 표시된다. 필요한 자원 양이 기업이 보유한 양과 같다면 노란색으로 표시되며, 기업 자원이 부족할 경우 붉은 색으로 표시한다. 붉은 색으로 표시된 전략들은 성공 확률이 현재 낮으며 자원이 더 지원될 수 있는지 여부를 판단한 후에 실행으로 옮겨야 한다.

예)

목적: 커스토솔루션 의료기기 이용자 수의 증가

목표: 이번 회계 연도 말까지 동해안 지역에 거주하는 사람들의 75퍼센트에게 의료기기를 평균량 이상으로 사용하도록 한다.

전략: 지역의 대학 병원과 보건소에 근무하는 의사들을 대상으로 제품의 인지도를 높이고 현재 커스토솔루션 제품을 사용하지 않는 곳에 이 제품을 납품할 수 있도록 성공담을 위주로 마케팅 한다.

표 5.1에서 볼 수 있듯이, 이 같은 분석을 통해서 다음과 같은 결론

을 낼 수 있다.

- 유형 자원-필요한 양에 추가로 1만 5천 달러를 보유하고 있다 (푸른색)
- 무형 자원-필요한 의사 수에 추가로 7명이 더 섭외되었다 (푸른색)
- 인적 자원-현재 한 명의 영업 인력이 부족하다 (재고 될 때까지 붉은색)

(표 5.1) 자원 분배 계산 도구

자원의 형태	필요한 양	실제 보유 양	차이
유형 자원	12만 5천 달러	14만 달러	없음
무형 자원	15명의 경영자 섭외	22명의 경영자 섭외	없음
인적 자원	영업인력 2명, 의사 1명, 구역 관리자 1명	영업인력 1명, 의사 1명, 구역 관리자 1명	1명의 영업인력 부족

오류 ❸ 의사소통의 장애

하버드 대학교의 연구결과에 따르면 직원의 95퍼센트가 자신들이 속한 기업의 전략을 모르고 있거나 이해하고 있지 못한다고 나타났다. 이는 축구경기에서 11명의 선수 중 10명이 작전을 이해하고 있지 못하는 상황과 같다. 경기 전 작전을 세울 때에는 수비 방법과 공격 루트 등을 명확하게 정하고, 경기 중에는 이를 따라야 한다. 축구 감독들은 전략을 더욱 발전시키기 위해서 많은 시간을 투자하고 이를 선수들에게 정확하게 전달한다. 지난 한해 직원들에게 기업 전략을 설명하고 그들이 전략 실행을 위해서 해야 하는 일을 확실하게 설명해주었는가?

대체로 기업들은 전략 실행에 대해 아무런 계획이 없거나 계획과 구성만 열심히 한다. 그러므로 전략 실행의 성과를 측정할 수 있는 방법을 마련하는 것이 중요하다. 하지만 지나치게 많은 양의 측정만 하는 것은 점수판을 지켜보느라고 정작 자신의 공을 치지 못하는 골프 선수의 모습과 같다.

아마도 의사소통에 있어서 가장 어려운 부분은 경영자들이 직원 모두에게 직급에 맞게 전략과 기업 상황을 설명하는 것이다. 이런 의사소통의 어려움은 전략을 실행하는 방법의 전달 또한 어렵게 한다. 전략 실행에 관한 연구 결과에서 경영진의 38퍼센트만이 전략을 모든 직원들에게 효과적으로 전달하고 있다고 답했다.

전략 전달을 더욱 어렵게 하는 것은 전략 구상이 대게 고위 경영층의 영역으로 제한되어 있기 때문이다. 미국 경영 위원 협회(Management Association Consultancies)의 조사에 따르면 전략의 80퍼센트는 고위 경영진의 구상에 의해 만들어지며 중간 관리자들의 직접적인 역할은 20퍼센트에 불과하다고 한다. 하지만 역설적으로 전략을 실행하는데 있어서 핵심적인 역할은 중간 관리자들이 맡게 된다. 또한 중간 관리자들이 갖고 있는 기업에 대한 정보와 통찰력을 바탕으로 전략이 구상되는 경우가 많기 때문에 기업의 새로운 사업 기획은 중간 관리자들의 우선순위, 도전 의식, 그리고 진로 방향에 따른 윗선 보고가 어떻게 이루어지는지에 상당한 영향을 받게 된다.

하버드 경영 대학원의 보어(Bower) 교수의 말을 다시 인용하면 "대부분의 아이디어들은 직원들에게서 나온다. 중간 관리자들은 그 많은 아이디어들 중 어느 것을 선택해서 힘을 실어줄지 결정하게 된다. 또한 중간 관리자들은 자원 분배에도 영향력이 있으며 전략의 실행에 있어서도 매우 중요한 역할을 한다."

전략 실행을 위해서 각 부서가 어떻게 움직여야 하는지 전달하는 것이 매우 중요하다. 헤리스 인터렉티브(Harris Interactive)에서 2만 3천 명의 직원들을 대상으로 실시한 조사에 의하면 80퍼센트의 직원들이 그들의 업무가 기업 전체의 목표와 전략과 무슨 영향이 있는지 모른다고 답했다. 기업과 부서별 전략이 직원들의 일상적인 업무와 전혀 연관이 없다면 기업은 그들의 역량을 최대한으로 발휘하지 못하게 된다. 또한 기업이 보유한 모든 자원들이 한 방향으로 전진할 때 발생하는 시너지 효과를 경험하지 못하게 된다.

해결책

의사소통 장애는 비효율적이고 드문 의사소통 때문에 벌어진다. 명확한 전략을 세웠다면 자주 그에 대해서 상기 시켜주는 것이 중요하다. 페덱스(FedEx)의 최고 경영자이자 회장인 프레드 스미스(Fred Smith)는 다음과 같이 말했다. "경영진이 전략 구상을 최종화하면 그 전략은 모든 직원들에게 갖가지 방법으로 전달된다. 직원 안내 책자에 실리고,

사업 계획과 연결되며, 보너스 지급과도 연관시킨다. 이 방법으로 직원들 모두가 기업의 전략 목적과 실행 방법을 이해하도록 한다."

전략 프린트(그림 5.2 참조)는 2페이지로 구성된 사업 계획서이며 사업의 전략 실행 계획을 담고 있다. 많은 전략들이 빛을 보지 못한 체 파일에 꽂혀서 잊혀지는 현실을 벗어나고자 전략 프린트를 개발하였다. 경영자들이 이를 전략 실행의 도구로 사용하길 바란다. 이 도구를 사용하면 기업의 핵심을 파악하고 전략 방향을 회사 전반에 전달할 수 있다. 또한 전략 개발과 실행을 연결시키며 효과적인 방법으로 전략을 전달할 수 있도록 틀을 제공할 것이다.

전략프린트의 첫 장에는 사업의 4가지 요소인 시장, 소비자, 경쟁사, 그리고 기업과 관련된 통찰력을 제시한다. 이를 통해 계속해서 전략들이 개발 될 수 있도록 자료제공을 하는 것이다.

전략 프린트의 두 번째 장에서는 통찰력을 바탕으로 세운 기업의 핵심 전략, 비전, 목표, 목적, 그리고 실행 방향을 포함한 전략 실행 계획을 전달한다. 이를 통해서 기업 전체가 같은 전략 방향으로 움직일 수 있도록 한다. 전략 프린트의 핵심은 간결하게 많은 정보를 제공하는 것이다. 즉각적인 정보교류를 추구하는 현시대에서 전략 프린트는 경영자들이 직원들에게 사업의 핵심을 일목요연하게 정리해서 정확하고 신속하게 전달할 수 있도록 한다.

〈커스토솔루션 전략프린트〉

시장
- 현 위치
  - 시장 성장률은 6% | 새롭게 시장에 진입한 기업은 없다
- 현황
  - 베이비붐 세대가 정년을 맞으며 의료보험 제도에 영향을 줌 | 소형 기기들 선호 | 소비자들의 의료 지식수준 향상

- 관리 서비스 개요
  - 공동 구매 영향력 증가 | 비 독점 계약으로 이동

기업
- 강점
  - 컨설팅 서비스로 소비자들의 지식수준 향상 | 체계된 계약 기준 | 제품 다양성
- 약점
  - 마케팅의 저조한 실적 투자대비 3:1의 효과 | 더딘 성장/ 연구 개발 투자에 비한 저조한 실적 (5:1) | 소비자 서비스 너무 오래 걸림 (60일)
- 기회
  - 외래환자 확보(시장의 25%) | 베이비 붐 세대 확보(환자의 2/3) | 컨설팅 서비스 확장 (현재 소비자들 중 75%가 사용하지 않고 있음)
- 위협
  - 타 업계 경쟁사들과 제휴 | 소비자들의 영향력 증가 | 비독점 계약 체결(35%)

고객

우수 10 고객	제품 선택	연간 수입
1. 카이저	테크노스타	$22,000
2. 노스웨스턴	테크노스타	$12,000
3. 메요 클리닉	커스토스타	$450,000
4. 미국 정부	코스트알러트	$6,000
5. 캘리포니아 대학	커스토솔루션	$397,50
6. 아리조나 대학	테크노스타	$44,000
7. 슬로안 케터링	테크노스타	$0
8. 시카고 대학	커스토솔루션	$285,500
9. 텍사스 대학	코스트알러트	$8,400
10. 애드버킷	커스토솔루션	$77,000

경쟁사

	테크노스타	코스트알러트
시장 점유율	37.3%	16.7%
강점	연구개발 투자, 마케팅, 기술력	운영 효율성
약점	제품의 다양성	기술력, 연구개발자원, 마케팅
핵심 메시지	"최첨단 신기술"	"합리적인 가격 대비 효과적인 기술"
가격	높음	낮음
경쟁 활동	소비자 간담회, 리더 훈련	우수 고객을 위한 할인판매

핵심전략
상담 등 다양한 서비스를 양질로 제공함으로서 소비자와의 관계를 원활하게 하고 판매량 대비 매출 금액 높이기

성공요인
소비자 정보를 기업 전체에 공유 | 상담과 비즈니스 영역에 전문지식 개발

투자영역
1. 혁신적인 제품 개발- 기술 향상 | 2. 영업 인력의 기술 향상 | 3. 임상과 비즈니스 상담 관련 전문 지식

주요측정방법
1. 매출 | 2. 부서별 | 3. 컨설팅 계약자수 | 4. 고객 수

사명
커스토솔루션의 사명은 소비자들의 필요를 충분히 고려한 제품과 서비스를 병원에 제공하는 것이다.
직원 성과 평가
경영진들의 리더십 개발 | 중간 관리자들에게 전략적 사고 교육 제공 | 우수 사례들을 정기적으로 기업 내에 소개

- 목표
1. 의료기기 소비자 증가 | 2. 현재 소비자들에게 새로운 서비스 소개 | 3. 핵심 기술력 향상
- 목적
1. 3분기까지 소비자 수 25% 증가 | 2. 연말까지 소비자 수 대비 매출 20% 증가 | 3. 연말까지 수익 10% 향상
- 전략
1. 제품 성능 실험을 통해서 소비자들에게 체험 기회 마련 | 2. 서비스의 필요를 인지시킴 | 3. 자원 분배를 더욱 효과적으로 할 수 있도록 전략적 사고 교육 실시
- 전술
새로운 소비자 층 형성을 위한 자료, 광고 우편물 홍보, 학술지 광고 | 서비스에 대한 영업팀 교육, 영업 인센티브 제공, 병원 실무자들에게 서비스에 관한 우편물 발송 | 현재 전략적 사고 능력을 평가하는 도구, 중간 관리자들에게 전략적 사고 훈련 실시, 자원 분배 계산 도구 배부

(그림 5.2) 커스토솔루션의 전략프린트

오류 ❹ 책임감 결여

큰 기업일수록 책임감이 확연히 결여된 현상을 자주 볼 수 있다. 그런 기업은 실적이 좋지 않은 직원을 해고했을 시에 이어지는 불편함을 피하기 위해서 다른 부서로 옮기게 한다. 소송에 휘말리고 정당하지 못한 처사라는 누명을 쓰는 번거로움을 피하기 위해서 무능한 직원을 다른 부서로 이동시키는 것은 기업의 재정만 축내고 일 열심히 하는 충직한 직원들의 사기만 떨어뜨리는 일이다.

전략을 실행하기 위해서는 책임자가 필요하고 이때 보상 정책을 효과적으로 사용할 수 있다. 연봉 인상과 같은 인센티브 전략 또는 성공했을 시에 기업에서 평생 일할 수 있는 안정 제공 등은 책임감을 부여하는데 효과적이다. 하지만 하버드 경영 대학원 연구에서 밝혀진 바, 중간 관리자의 70 퍼센트와 평사원의 90퍼센트 경우 이 같은 보상 제도는 전략 성공에 직접적인 영향이 없는 것으로 나타났다. 보상 정책으로 경영자의 책임 의식이 커진다면 이 방법으로 동기부여를 주어 전략 성공 확률을 높이는 것이 필요하다. 보상 정책의 효과에 대한 판단을 내리는 것이 어렵겠지만 동기부여를 주지 않아 전략이 실패했을 시에 이어지는 결과, 즉 부도의 위험은 반드시 피해야 한다.

해결책

전략의 목적, 달성 목표, 도입될 기술력, 평가 기준, 필요한 자원, 그리고 실무 책임자를 정리해서 기록하자. 그리고 각 사업 부서마다 전략을 성공시켰을 경우 주어지는 보상에 대해서도 확실히 정하자. 군 관계 기관 등과 같이 보상 제도가 효과를 발휘하지 못하는 단체에서는 좀 더 창의적인 방법으로 책임감을 증진시킬 수 있는 제도를 구상해보자.

오류 ❺ 대비책 부족

많은 계획들은 생각한 대로 진행되지 않는다. 시장이 변하고 소비자들의 성향이 달라지고 경쟁사들은 계속해서 새로운 제품들을 소개한다. 따라서 기업의 전략은 기대했던 성과를 내지 못한다. 즉, 업계 현황을 늘 파악하면서 신속하게 변화를 인지하고 대응하는 것이 필요하다. 또한 이러한 이유로 전략 계획을 매년 형식처럼 세우게 되면 위험하다. 계획 회의가 이루어진지 한 달 만에 시장에 큰 변화가 생긴다면 이 변화를 고려한 새로운 대책을 세우기까지 다시 또 일 년이 걸리기 때문이다.

전략을 위한 대비책은 경영진 뿐 아니라 기업 전반에 걸쳐 정기적으로 구상되어야 한다. 아마존 닷컴의 최고 경영자 제프 베조스(Jeff Bezos)는 여러 직위 및 부서별로 전략을 보완하고 대비책을 마련할 수 있도록 기업을 운영한다. 그가 소개하는 방법은 "부서별로 책임자들을 모아서 S팀을 구성해 기업 전반의 사업과 전략들을 파악하게 한다. 이 팀은 화요일마다 4시간씩 모인다. 이 방법에서 가장 중요한 것은 고위직 뿐 아니라 기업의 모든 부서들에서 이 과정이 이루어지는 것이다. 부서별 책임자들 모두는 기업의 전략들을 파악하고 있으며 대비책이 필요할 시에는 가장 적절한 부서에서 대응을 한다."이다.

해결책

전략 재정비(Strategy Tune-up)를 통해서 주기적으로 전략 개발팀과 교류하며 시장 현황을 분석하고 전략 실행상황을 점검해야 한다. 자동차가 정비소에서 정기적으로 점검 받듯이 전략 재정비를 통해서 기업의 전략 실행을 점검하는 것이 중요하다.

사업 계획에 사용되는 용어

앞서 보았던 해리스 인터랙티브 연구에선 2만 3천명의 직장인들 중 63퍼센트가 자신의 업무가 기업의 목표를 달성하는데 무슨 연관이 있는지 모른다고 답했다. 이에 대한 이유 중 하나로 목표, 목적, 전략, 그리고 전술의 의미 차이를 정확하게 이해하고 있지 못함을 들 수 있다. 그렇다면 이 용어들을 하나씩 살펴보자.

목표: 이루고자 하는 도착점
예: 시장 점유율 1위 달성
목적: 구체적으로 이루고 싶은 결과물, 노력의 결과로 얻고자 하는 그 무엇
예: 올 회계 연도 말까지 제품 X가 시장 점유율 32퍼센트를 기록. 목적을 정할 때 SMART 법칙을 기억하면 쉽다. 즉 목적이란 구체적이고(Specific), 측정할 수 있어야 하고(Measurable), 실현 가능하고 (Achievable), 관련성이 있어야 하고(Relevant), 한정

된 시간(Time-bound)내에 이룰 수 있어야 한다.

전략: 자원 분배를 위한 계획 – 목표를 달성하기 위한 방법

예: 경쟁자 제품의 약점을 겨냥한 마케팅을 위해서 모든 광고비용을 홍보용 팸플릿에 집중시킨다.

전술: 전략 실행을 위한 활동과 도구들 – 전략보다 더 구체적으로 목표를 달성하는 방법

예: 전단지, 학술지 내의 광고, 교육용 CD-ROM 개발

목표와 목적은 달성하고자 하는 '무엇'에 해당된다. 반면에, 전략과 전술은 목표와 목적을 달성하는 방법과 관련된 '어떻게'에 해당된다. 이 차이점은 그림 5.3에서 볼 수 있다.

전략과 전술이 둘 다 '어떻게'와 관련되어 있기 때문에 서로 바꿔서 사용하기도 한다. 둘 사이의 차이점을 이해하기 위해서는 '유형의 법칙'을 적용하면 된다. 만일 그것이 유형으로서 물리적으로 만질 수 있다면 전술일 가능성이 높다.(예: 홍보용 책자, CD-ROM, 광고물). 하지만 무형이라면 아마 전략일 것이다.(예: 영업팀에게 한 제품에 집중하도록 함). 손자병법에 나오듯이: "내가 전쟁에 사용하는 전술들은 모두가 볼 수 있지만, 위대한 승리로 이끄는 전략은 나만이 아는 것이다."

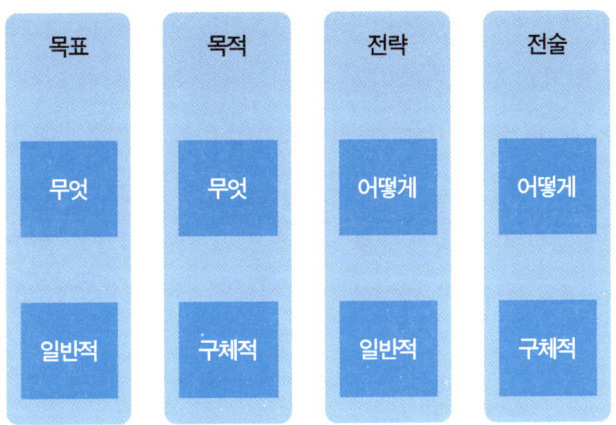

(그림 5.3) G.O.S.T 요약

➡ **전략의 공식**

> 독서는 충실한 인간을 만들고 상담은 준비된 인간을 만들며 필기는 정확한 인간을 만든다. 프란시스 베이컨(Francis Bacon), 작가, 철학자

어느 건축가가 공사가 시작될 집터에 도착했다. 현장에는 많은 인부들과, 전기공, 배관공 등의 기술 인력들이 모여 있었다. 건축가는 "이 집은 현대식 구조로 침실 5개와 화장실 4개가 있을 것이며 천장은 높고 밖에는 차고 3칸이 있을 것입니다. 자, 이제부터 집을 지으세요." 라고 지시하고 현장을 떠났다. 설계도면도 건축 계획도 없이 남겨진 기술자들은 혼란에 빠졌다.

물론 이 같은 일은 건설 현장에서 일어나지 않는다. 하지만 이와 비숫한 일이 기업에선 종종 일어난다. 전략 회의가 이루어지고 지시 사항들이 전달되지만 그 전략에 대한 어떤 기록도 찾아볼 수 없다. 직원들은 서로 다른 내용을 기억하며 자신들만의 방향으로 전략을 진행시킨다. 전략은 문서로 기록되지 않으면 기업에 실질적인 영향력을 갖지 못한다. 마케팅 팀장과 연구 개발 팀장과 영업 팀장이 기업 전략에 대해서 각기 어떻게 이해하고 방향을 잡고 있는지 파악할 방법이 없다.

➡ 생각을 기록하는 것

의학이나 법학처럼, 전략이라는 추상적인 개념을 형상화 시키는 과정은 과학인 동시에 예술이다. 과학적인 면은 역동적인 사업의 각 부분들을 평가하고 분석하기 위한 날카로운 통찰력에서 비롯된다. 예술적인 면은 모든 부분들을 하나의 목적을 가진 활동으로 통합시켜야 하는 과정에서 볼 수 있다.

조각가들에게 작업을 위한 철사 뼈대가 필요하듯이 전략 공식은 경영자들에게 전략을 발전시키는 틀을 제공한다. 전략 공식을 통해서 각 부서들과 조직들에게 기업의 전략 정보가 정확하고 일관성 있게 전달될 수 있다.

앞서 다루었던 목표, 목적, 전략, 그리고 전술과 같은 용어들은 서로 혼돈되어 자주 잘못 사용된다. 이때 전략 공식을 사용하면 생각을 쉽게 글로 정리할 수 있고 용어들도 용도에 맞게 사용할 수 있다.

> **전략 공식**
> 무엇을(what) + 어떻게(how) + 누가(who)
> \+ 얼마나 영향력 있게(impact)

무엇을: 전략의 목적을 위한 활동
어떻게: 전략을 실행하기 위한 방법
누가: 전략의 대상
영향력: 전략을 실행했을 때 예상되는 결과

위의 4가지 영역(무엇, 어떻게, 누가, 영향)을 모두 충족시킨 전략 문장은 강한 영향력을 갖게 된다. 이 방법을 항상 사용해야 하는 것은 아니지만 공식을 통해서 전략을 쉽게 공유할 수 있는 문장으로 만들 수 있는 도구를 제공한다. 다음은 의료기기 업계에 적용된 전략 공식의 예이다. 전략 문장을 먼저 정리한 다음 전략 공식을 통해서 각 요소들을 자세하게 분석해본다.

➡ 전략 문장 :

'소비자 선정 기준 시스템' 개발을 통해서 제품 판매 대상이 될 소비자 층을 정하고 영업팀이 이에 맞게 자원 분배를 더욱 효과적으로 해서 수익을 증가시키도록 한다.

전략 공식으로 4가지 구성요소를 파악한다.
- 무엇이: "… 제품 판매 대상이 될 소비자 층을 정하고."

- 어떻게: "… '소비자 선정 기준 시스템' 개발을 통해서…"
- 누가: "영업팀이…. "
- 영향력: "… 이에 맞게 자원 분배를 더욱 효과적으로 해서 수익을 증가시키도록 … "

전략 문장과 전략 공식을 통해 경영자들은 전략을 효과적으로 구상하고 있는지 살펴보고 실행에 옮길 수 있다. 전략 프린트 없는 경영자는 설계도면도 없이 집을 짓는 건축가와 같다. 건축가는 집을 짓지 못할 것이고 경영자는 기업의 위기로 집을 잃고 거리로 나앉게 될 수 도 있다.

활동 체계 도면(Activity System Map)

상호 보완적인 활동들이 많을수록 기업은 우위를 지속할 수 있다. 한 가지 활동이 그 자체로 기업에 이득을 줄뿐 아니라 다른 활동에도 도움이 될 때 상호보완적인 활동이라고 한다. 마이클 포터, 하버드 경영 대학원 교수

성공적인 전략 실행은 보유인력, 기업 문화, 조직 구조, 경쟁사, 그리고 기업의 우선순위 등 많은 요소들 간의 관계의 영향을 받는다. 이 요소들을 고려한 활동 체계 도면은 성공적인 전략 실행을 위한 모델이다. 이 체계 도면은 기업의 전략과 그를 지원하는 전술들 간의 관계를

시각적으로 한 도면에 나타낸 것이다. 활동 체계 도면을 구상하기 위해서는 기업을 외부적인 관점에서 바라보며 전략 구도를 파악하는 과정이 필요하다. 그 후에는 기업의 핵심 요소들 간의 관계와 역량을 파악하여 세부적인 부분들을 전체적인 구도에 조립시킨다. 완성된 활동 체계 도면은 기업의 구성에 대해 명료하고 정확한 정보를 전달하고 경영자들이 이를 바탕으로 기업 자원을 효과적으로 배분하고 전략 방향을 정한다.

활동 체계 도면은 기업의 전략을 주제별로 나누어 각각을 큰 원으로 표현한다. 또한 그 전략들을 구성하고 있는 전술들은 큰 원 내의 작은 원들로 나타낸다. 기업의 핵심 전략들을 나타내기 위해서는 세 가지에서 다섯 가지 정도의 주제들이 적합하다. 활동 체계 도면을 통해서 전략과 전술들 간의 연관성도 나타낼 수 있다. 전략과 전술을 진한 선으로 연결하는 것은 직접적인 지원 관계를 나타내고 점선은 간접적인 연관성을 나타낸다.

그림 5. 4는 커스토솔루션의 활동 체계 도면이다. 커스토솔루션의 전략 주제들은 사업 관련 전문지식 보유, 고객 맞춤화 서비스, 그리고 지역 중심 마케팅 이다. 이 주제들은 큰 원으로 표시했다. 이 주제들을 지지하고 있는 세부적인 전술들은 작은 원으로 표시되었다. 다음은 활동 체계 도면을 작성하는 과정을 설명한다.

1. 전략 주제들은 3-5가지 정도 정한 후에 도면에 적는다.

2. 현재 기업에서 사용하는 전술들은 전략에 연결시킨다.

3. 전략을 강화시킬 수 있는 전술들을 추가시킨다.

4. 전술의 효과에 따라서 전략 주제별로 평가한다.(효과가 낮음/ 보통/ 높음).

5. 영향력이 낮은 전술들은 제거한다.

활동 체계 도면을 완성한 후에, 다음의 질문들에 답한다.

1. 전략의 주제들은 경쟁사들과 차별화 되었는가?
2. 기업의 전술들은 전략 주제 한 가지 이상을 지원하고 있는가?

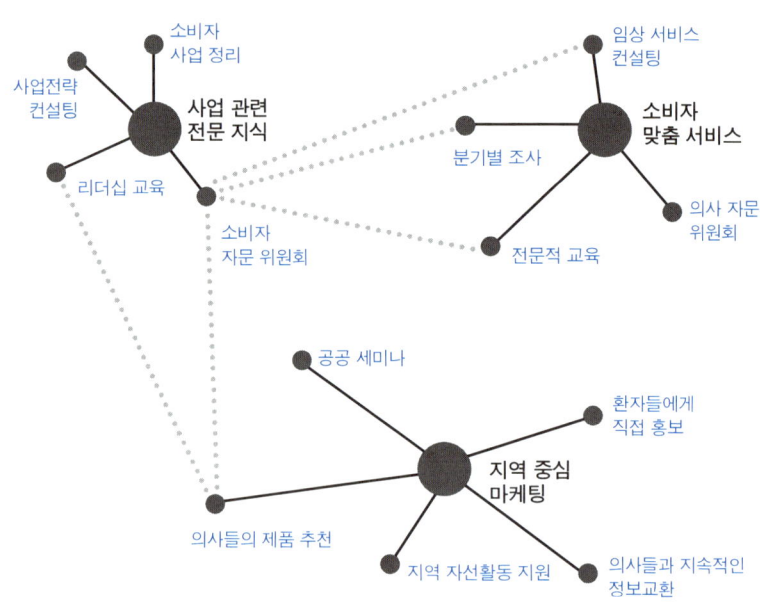

(그림 5.4) 활동 체계 도면 - 커스토솔루션

3. 전반적으로 전술들과 전략들 간의 관계와 영향력 정도는 어떠한가?
4. 각 전술은 소비자와 직접적 또는 간접적인 연관이 있는가?
5. 주요 경쟁사의 활동 체계 도면을 만들어 보자. 둘을 비교했을 때 얻을 수 있는 통찰력이 있는가?

노르웨이 속담 중에 "가장 굶주린 늑대가 최고의 사냥을 한다."라는 말이 있다. 자기만족에 차있고 절박함이 없다면 전략 실행이 늦어질 수도 있다. 전략 실행 중에 발생할 수 있는 5가지 오류들에 대해서 경각심을 갖고 비즈니스 용어들의 정확한 정의를 이해하며, 전략 프린트, 전략 공식, 그리고 활동 체계 도면과 같은 도구들을 효과적으로 사용한다면 전략 실행을 하는데 겪는 어려움들을 헤쳐 나갈 수 있을 것이다. 하지만 너무 부담을 갖진 말자. 손무 장군의 부하가 아닌 이상 실행을 하지 못했다고 목이 달아나진 않을 것이다.

이번 장의 핵심 내용

- 전략 실행에 있어 범하게 되는 5가지 오류에는:
    1. 잘못된 전략
    2. 명확하지 않은 지원 요청
    3. 의사소통 장애
    4. 책임감 결여
    5. 대비책 부족

- 자원 분배 계산 도구를 사용하면 전략을 실행하기 위해 충분한 지원이 가능한지 평가할 수 있다.
- 전략 프린트는 2페이지로 구성된 사업 계획서이며 사업의 전략 실행 계획을 담고 있다.
- 전략 재정비를 통해서 주기적으로 전략 개발팀과 교류하며 시장 현황을 분석하고 전략 실행상황을 점검해야 한다.
- 계획서를 작성할 때는 비즈니스 용어들의 정확한 정의를 이해하고 알맞게 사용하자.

목표: 이루고자 하는 도착점

목적: 구체적으로 이루고 싶은 결과물, 노력의 결과로 얻고자 하는
　　　그 무엇

전략: 자원 분배를 위한 계획 – 목표를 달성하기 위한 방법

전술: 전략 실행을 위한 활동과 도구들 – 전략보다 더 구체적으로
　　　목표를 달성하는 방법

- 전략 공식＝무엇을(what) + 어떻게(how) + 누가(who)
　　　　　　　+ 얼마나 영향력 있게(impact)

　무엇을: 전략의 목적을 위한 활동

　어떻게: 전략을 실행하기 위한 방법

　누가: 전략의 대상

　영향력: 전략을 실행했을 때 예상되는 결과

- 활동 체계 도면은 기업의 전략과 그를 지원하는 전술들 간의 관계를 시각적으로 한 도면에 나타낸 것이다.

CHAPTER 06
협력 정신 기르기

넓은 바다의 물은 각각 성질이 다르듯 사람의 마음도 각각 다르다.
그러나 마음을 하나로 뭉치면
더 넓은 바다와 더 넓은 세계를 볼 수 있다.

앤드류 마블(Andrew Marvell), 시인

경영자들이 전략적 사고 능력을 갖게 되면, 기업의 전략 구상과 실행 능력은 더욱 향상된다. 다든 스쿨의 베튼 연구소(Darden School's Batten Institute)의 소장인 쟌 리드케(Jeanne Liedtka)는 이렇게 말했다. "현대 시대에는 기업의 모든 사람들에게 전략적 사고를 권장해야 한다. 또한 갈등이 발생하면 이를 효과적으로 해결할 수 있는 기술을 갖고 있어야 한다. 이 두 가지를 통해 개인의 전략적 사고를 기업 전체의 전략으로 전환할 수 있다."

전략적 사고의 세 가지 요소인 안목, 분배, 그리고 실행을 모든 직원들에게 상기시킨다면 기업은 경쟁 우위를 독점할 수 있는 능력을 키울 수 있다. BP 가스, 발전, 대체 자원부의 최고 경영자인 비비안 콕스(Vivien Cox)는 다음과 같이 설명했다. "각 부서에 있는 모든 직원들의 비즈니스 안목과 전략적 사고 능력을 한 단계 높이면서, 전략은 개인의 능력 보다는 기업 전체의 능력을 반영하게 되었다. 기업 전체에 걸친 이러한 변화로 기업들은 더 빠른 속도로 성장하고 있다."

기업의 탁월한 전략적 사고가 경제적 이익으로도 이어지는 것은 연구결과를 통해서도 증명되었다. 하버드 대학교의 에버그린 프로젝트(Evergreen Project)는 기업의 성공 요소를 분석하기 위해서 매우 엄격한 기준을 두고 실시한 연구이다. 이 프로젝트는 제품 개발과정과 운영 방침 등 200여개의 경영 사례들을 조사했다. 10년에 걸쳐서 160개 기업들이 참여하여 연구한 결과, 경제적 이익을 산출한 기업 운영의 여러 사례들이 밝혀졌다. 경제적 이익을 평가하기 위해서는 주주 수익률, 매출, 기업 자산, 운영 수입, 그리고 투자 자본 수익률을 살펴보았다. 이 결과, 높은 경제적 이익을 거둔 기업에서 빠지지 않는 요소는 바로 성공적인 전략 개발과 전략의 실행이었다. 효과적인 전략 개발과 전략을 실행한 기업은 그렇지 않은 기업들에 비해 945대 62퍼센트의 주주 수익률을 제공했다. 또한 매출도 415대 83 퍼센트로 우세했고, 기업 자산은 358대 97퍼센트로 큰 차이를 보였다. 운영 수입 역시 326대 22퍼센트로 전략 개발과 그 실행의 효과가 강하게 나타났고, 투자자본 수익률은 5.45대 −8.52퍼센트로 우위를 보였다.

세계적인 기업들은 뛰어난 경영자를 길러내기 위해 경영에 필요한 교육과 그 수단을 신속히 제공해야 함을 정확히 파악하고 있다. 한 예로, GE는 전략이 뛰어난 경영자를 확보하려면 전략적 사고를 키우는 훈련이 매우 중요하다고 기사를 통해 밝힌 바 있다. 크로톤빌(Crotonville)의 이사였던 밥 코코란(Bob Corcoran)은 그 기사에서 다음과 같이 말했다. "제프 이멜트는 전략을 실행하는데 있어서 타고난 사람이다. 그는 전략을 실행하는데 망설임이 전혀 없다. 그에게 남은 과제는 능력 있는 운영층을 확보하는 것이다."

능력 있는 경영진을 확보하는 것은 GE사의 고민이기도 하다. "기업의 경영자들에게 전략적인 생각의 틀을 심어주기 위해서 투자하고 있다. 과거 고위직 관료들만이 참여 했었던 전략 구상과 실행이 기업 전반에 걸쳐서 이루어지게 될 것이다."

이 내용은 아트 클라이너(Art Kleiner)가 편집장으로 있는 '전략+비즈니스(Strategy+Business)'지에 실렸었다. 클라이너는 이렇게 말했다. "유능한 직원들을 일상적인 업무의 틀에서 벗어나게 하라. 그들이 기업 현황을 분석하고 개선할 방법을 연구한다면 차후에 놀라운 효과를 거둘 수 있을 것이다."

업무의 틀을 깨고 직원들에게 비즈니스를 분석하고 통찰력을 키울 기회를 준다면 그들도 전략적 사고를 키울 수 있을 것이다. 기업 전체의 전략적 사고 능력을 개발하는 것의 중요성은 더욱 인식되어지고 있지만 이 과정을 실행하는 일에도 어려움이 많다. 15개 대기업을 조사한 결과 8개의 문제점을 찾을 수 있었다. 문제점의 순서는 다음과 같다.

1. 단기적인 목표에만 집중(80퍼센트)
2. 전략을 세우는 절차와 소통 도구 부족(73퍼센트)
3. 경영자들의 전략 기술 부족(66퍼센트)
4. 열린 토론을 권장하지 않는 기업 문화(66퍼센트)
5. 전략을 위한 지원 부족(53퍼센트)
6. 관료적인 의사 결정(53퍼센트)
7. 능력 개발에 대한 지원 부족(47퍼센트)
8. 전략에 대한 의무감 부족(33퍼센트)

이 8가지 문제점의 공통점은, 장기적인 목표가 확립되지 않았을 때 발생하는 현상이라는 것이다.

목적의 발견 −사명, 비전, 가치

기업의 실패 원인은 목적과 비전이 확립되지 않았기 때문이다.

피터 드러커(Peter Druker), 경영 권위자

오늘 아침 회의의 목적은 무엇이었는가? 겨냥할 소비자 층이 Y가 아닌 X로 선택한 이유는 무엇인가? 이 질문에 대한 답을 통해 비즈니스 목적을 파악할 수 있을 것이다. 잠재력을 발휘하고 동기를 부여하는 가장 좋은 방법은 업무의 목적을 파악하는 것이다. 어느 프랑스 연구원의 말처럼 "싸우는 목적을 아는 자들은 이유도 모른 채 전쟁에 참여한 자들을 이길 것이다."

목적은 세 가지 형태로 나타난다. ①현재의 목적 또는 사명, ②미래의 목표 또는 비전, ③목적을 이끄는 가치이다. 사명은 기업의 존재에 대한 명확한 이유이다. 비전은 기업의 미래 목표를 향한 방향성을 제시하며 기업이 추구하는 방향을 보여준다. 현재와 미래를 연결하는 고리가 기업 가치이다. 가치는 기업 정신과 활동을 이끌고 기업의 성격을 결정한다. 기업의 사명, 비전과 가치는 기업을 통합하여 모든 활동과 결정들이 일괄적으로 이루어질 수 있도록 돕고, 자원을 효과적으로 사용할 수 있도록 이끈다.(그림 6.1 참조).

전략은 한정된 자원을 효과적으로 나누는 것에 달려있기 때문에 현재와 미래 목표를 확립하는 것은 매우 중요하다. 명확한 목표를 세우는 것은 자원 분배를 할 수 있는 바탕을 제공하고 분배결정을 평가할 수 있는 틀을 마련한다. 목표가 없다면 자원 분배 결정은 주관적이 되며 기업 전체의 목표와 동떨어지게 된다.

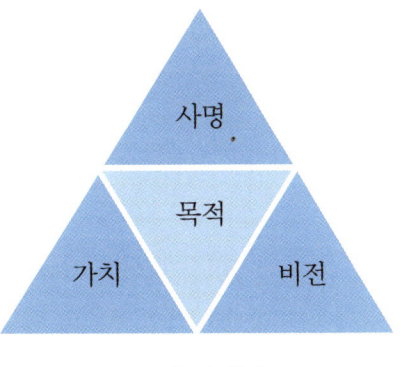

(그림 6.1) 목적

➡ 현재 목적: 사명의 확립

사명은 기업이 현재 존재하는 이유이다. 기업의 업계 내 역할과 영업팀의 기업 내 역할을 사명이라고 볼 수 있다. 부서별 책임자들은 기업의 전체적인 사명에 어떤 역할을 맡고 있을까? 기업의 사명을 분석하는 것은 생각보다 어렵다. 이 과정을 위해서는 기업 전략의 이유에 대한 답을 찾아야 한다. 기업의 사명을 파악하는 것은 전략 개발에서 흔히 간과되는 부분이고, 많은 직원들이 나름대로 추측해서 생각하고 있는 부분이기도 하다. 하지만 단순한 추측이 초래할 수 있는 결과를 과소평가해서는 안 된다.

사람이라면 누구나 감성적인 면이 존재한다. 기업에서는 직원들의 업무에 대한 경제적인 이유와 비즈니스적인 이유를 제시함으로서 그들의 감성적인 면을 자극할 수 있다. 일한 대가로 돈을 받는 것도 중요하지만 돈이 목적의 전부가 되진 않는다. 자신이 맡은 일의 중요성을 잘 깨닫고 있어야 비로소 올바른 목적을 설립할 수 있는 것이다. 기업의 숨은 인재를 찾아내고 그들의 독창성을 키우려면, 그들이 무엇을 어떻게 해야 하는가 보다 왜 해야 하는가를 알려주어야 한다. 기업의 사명, 비전과 가치를 명확히 하는 것은 이 과정을 위해서 필수적이다.

사명의 확립은 기업 전략을 위한 배경을 제공하기도 한다. 사명을 명확히 한다면 기업의 범위, 고객 대상, 그리고 경쟁 무대를 확립할 수 있다. 또한 추진하지 않아야 되는 비즈니스들에 대한 지침도 제공함으로서 전략적 사고를 촉진한다. 기업 영역에 포함시키지 않을 분야들과 겨냥하지 않을 소비자 층을 결정하는 과정을 통해서 기업은 중심을 잡아나가게 된다. 초점 맞추는 것의 중요성은 군 사학자 B.H 리델 하트(B.H. Liddell Hart)의 말을 통해서도 엿볼 수 있다. "전쟁의 법칙은 초점에 대한 집중으로 요약할 수 있다."

> 전략은 한정된 자원을 효과적으로 나누는 것에 달려있기 때문에 현재와 미래의 목표를 확립하는 것은 매우 중요하다. 목표가 없다면 자원 분배 결정은 주관적이 되며 기업 전체의 목표와 동떨어지게 된다.

기업의 사명이 확립되었다면 이에 대한 믿음과 책임감을 갖는 것이 중요하다. 헌법이 국민에게, 그리고 성경말씀이 기독교인들에게 그렇듯이, 기업의 사명은 그것을 믿고 따르는 자들에게 그 위력을 나타낸다. 새해 목표를 지키기 않을 거라면 힘들게 세울 이유도 없을 것이다. 목표에 대한 책임감이 없다면 작심삼일로 끝날 가능성이 높다.

기업의 사명이 확립된 후에는 그와 맞게 각 부서와 파트들의 임무를 정하는 것도 좋은 방법이다. 부서별 임무는 좀 더 구체적이며 부서의 전반적인 업무를 반영하는 경우가 많다. 이런 방법으로 부서의 임무까지 확립하게 되면 공통적인 목적이 제공됨으로서 직원들 간의 협력도 증진시킬 수 있다. 이 과정을 통해서 기업은 점점 힘을 키우게 될 것이다.

➡ **사명 확립의 장점**

기업의 사명을 확실하게 정리하게 되면 직원 모두에게 업무에 대한 방향성을 제공하고 업무 전체를 통일시킬 수 있는 기준을 마련한다. 목적과 사명이 없이는 기업 내에서 이루어지는 결정들을 객관적으로 검토할 수 있는 기준이 불분명해진다.

또한 기업 사명을 통해서 기업 내의 부서들과 직원들의 업무를 하나의 목적으로 통합시킬 수 있다. 사명은 모든 직원들이 공통된 방향으로 전진할 수 있도록 나침반 역할을 하게 된다.

사명은 직원들이 기업과 소비자를 위해서 자신이 맡은 역할에 대해 책임감을 갖게 한다. 이는 감성, 직관, 그리고 통합 등 우뇌적인 기능들을 자극한다. 이와 달리 월급과 업무의 절차 등은 좌뇌의 활동을 촉진시킨다. 사명은 직원들의 감성적인 부분을 자극해서 일에 대한 만족감을 높인다.

명확한 기업 사명의 공유는 기업의 경제적인 이익과 제품의 질과 직접적인 관련이 있다. 연구결과에 의하면 사명을 확립해서 공유한 기업들은 그렇지 못한 기업들에 비해서 여러 가지 경제적 평가기준으로 30퍼센트 높은 수익률을 냈다. 즉, 사명의 확립은 상식적으로도 필요할 뿐 아니라 객관적인 경제 수익과도 연관이 있다.

마지막으로 사명의 확립은 기업이 어떤 상황에 처해있더라도 직원들의 사기를 증진시킬 수 있다. 사명을 통해서 직원들은 성공에 필요한 중요한 요소들에 집중하게 된다. 또한 기업이 어려울 때 사명을 통해서 자신의 역할에 대한 책임감을 갖게 된다. 설사 경쟁사의 제품이 시장에서 더 높은 점유율을 갖게 되더라도 사명을 확실히 인식한 직원들은 자신들의 맡은 바에 변함없이 집중할 수 있다.

➡ 효과적인 사명 문구의 기준

사명 문구를 정했다면 다음의 5가지 기준에 따라 평가해보자. 5점 만점으로 각 질문마다 1점을 받게 된다.

1. 사명이 제시하는 역할은 무엇인가?
2. 이 역할은 어떻게 수행하게 되는가?
3. 누구를 위해서 이 역할을 수행하는가?
4. 왜 이 역할을 수행하는가?
5. 사명을 표현하는 방법이 기업의 문화를 반영하는가?

➡ 사명이 제시하는 역할은 무엇인가?

이 질문에 대한 답은 맡은 업무가 무엇인가를 생각해본다면 찾을 수 있다. 표면적으로는 이에 대한 답은 쉽게 찾을 수 있으나 좀 더 깊게 생각해 봐야 한다. '근시안적인 마케팅(Marketing Myopia)'이라는 논문을 쓴 하버드 대학의 시어도어 레빗(Theodore Levitt)' 교수는 업무에서 잠시 벗어나 기업 내 역할에 대해서 스스로 생각해 볼 수 있는 시간을 갖도록 권장한다. 그는 철도비즈니스가 극적으로 쇠퇴하게 된 이유를 근시적인 관점 때문이라고 주장했다. 철도비즈니스의 역할을 운송에만 집중시키고 교통편으로서의 개발 가능성을 생각하지 못했기 때문에 변하는 시장에 적응하지 못하고 업계에서 경쟁력을 잃게 되었다고 설명한다.

이 역할은 어떻게 수행하게 되는가?

전략은 경쟁을 바탕으로 이루어진다. 경쟁사들의 운영 방법을 살펴보고 기업에 적용시킬 수 있는 부분이 있는지 생각해보자. 기업이 차별화를 갖고 있다면 이 차별화를 지속시킬 수 있을지 여부와 이를 계속 유지시키기 위해선 어떤 노력이 필요한지도 파악해보자.

➡ 누구를 위해서 이 역할을 수행하는가?

기업을 통해서 누가 혜택을 받고 있는가? 또한 이 혜택에 대한 값을 누가 치르고 있는가? 제품의 소비자 대상을 정할 때는 기업의 영업과 마케팅 자원으로 감당할 수 있으며 충분한 매출을 낼 수 있는 범위를 겨냥해야 한다. 명확한 사명을 통해서 시장 범위를 정확하게 정하지 않으면 특정 소비자층을 겨냥하지 못한 두루뭉술한 비즈니스 구상으로 이어질 수밖에 없다.

또한 이 질문을 통해서 목표로 삼은 소비자 층(market segment)내의 특정 소비자 집단(market fragment)을 파악하게 될 수도 있다. 소비자 층은 지역, 나이, 수입 등의 기준에 따라서 분류된 단위로 볼 수 있으며, 소비자 집단은 소비자들이 각 층 내에서 새로운 것을 추구하게 되면서 구성된 한 부분이라고 생각하면 된다. 예를 들어 맥주 애호가들 중에서 소형 양조 기술로 만들어진 맥주를 찾게 되는 사람들이 늘면서 이 소비자 집단을 겨냥한 맥주 생산업체들이 생겨나기 시작했다.

➡ 왜 이 역할을 수행 하는가?

효과적으로 사명 문구를 표현하는 방법은 업무에 대한 동기부여를 줄 수 있도록 하는 것이다. 우뇌를 자극하며 목적 달성을 위해서 역할에 충실할 수 있도록 직원들에게 기업 내의 '존재의 이유'를 알게 한다. 또한 직원들이 자신들의 업무를 조직이라는 큰 틀 내에서 보게 하며 노력의 대가를 직접 느낄 수 있도록 한다.

위의 4가지 질문을 답하며 기업의 사명 문구를 정해보자. 답을 작성할 때는 기업의 전반적인 업무를 충분히 반영할 수 있도록 폭 넓게 하면서 기업의 핵심을 전달하고 구체적인 부분도 놓치지 말자. 사명 문구를 정할 때 기업의 차별된 문화를 전달할 수 있도록 작성하는 것도 중요하다. 이를 평가하기 위해서는 경쟁사의 이름을 대입해도 사명 문구가 자연스럽다면 충분히 차별화를 고려하지 않은 것이다.

➡ 사훈 작성

사훈을 작성하기 위해서는 초안을 먼저 잡고 단어 하나하나마다 다듬으며 전체적인 어조가 기업의 문화를 반영할 수 있도록 한다. 존슨 앤 존슨(Johnson & Johnson)사의 기업 사명이 이 부분을 명확하게 설명해준다. 이 회사의 사명은 언어와 어조를 통해서 기업의 특성을 잘 살렸다. "우리의 우선순위는 우리 제품과 서비스를 이용하는 의사들, 간호사들, 환자들, 그리고 모든 어머니와 아버지들에게 책임을 다하는 것이다…"

사훈을 작성할 때 기업의 문화를 반영한다면 직원들과 소비자들에게도 브랜드에 대한 인식을 높일 수 있다. 이성과 감성을 자극할 수 있는 언어를 사용한다면 직원들이 기업의 이익을 위해서 힘쓸 수 있도록 동기부여를 줄 것이다. 기업 사명 문구가 평가 기준에서 4점 이하를 받았다면 어떻게 개선시킬 수 있을지 살펴보자.

➡ **사훈의 예**

레고(LEGO)

레고 사의 목적과 비전은 아이들이 잠재적인 창의성을 개발하고 발전시킬 수 있도록 영감을 주는 것이다.

- 우리 기업은 흥미를 유발하는 우수한 품질의 제품들을 생산한다.
- 우리 제품들은 아이들에게 재미있고, 창의적인 사고를 요하며, 흥미를 자극하고, 도전을 주는 독특한 형태의 놀이 문화를 제공한다.
- 우리 제품들은 아이들에게 성취감을 제공하며 동시에 미래에 필요한 능력들을 개발시킨다. 즉, 창의적인 문제 해결 능력, 호기심, 상상력, 대인관계 능력 등을 놀이를 통해서 배울 수 있도록 한다.

점수: 5점

코멘트: 레고사의 사명 문구는 5개 평가기준에 모두 부합되며 다른 경쟁사의 이름을 대입할 수 없는 문구를 개발함으로 차별화도 충분히 나타낸다.

렉서스의 신조(Lexux Covenant)

- 렉서스는 세계적으로 가장 경쟁력 있는 고급 승용차 경주에 참가할 것이다.
- 도요타 사가 50년 동안 자동차 업계에서 쌓은 경험은 렉서스의 탄생으로 빛을 발하게 될 것이다.
- 렉서스는 지금까지 만들어진 승용차 중에서 가장 우수할 것이다.
- 렉서스는 시작부터 빈틈없이 준비되어져 왔다.
- 렉서스는 업계 최고의 자동차 딜러 네트워크를 보유할 것이다.
- 렉서스의 모든 고객은 집을 방문한 손님처럼 모실 것이다.
- 할 수 없다고 생각하면 실패할 것이나 가능하다고 생각한다면 성공할 수 있다.
- 우리는 할 수 있고, 반드시 해낼 것이다.

점수: 4점

코멘트: '신조'라는 독특한 방법으로 기업 사명을 구상함으로서 시장 내에서 차별화를 이루었다. 고객층을 좀 더 확실히 규명하였다면 사명문구를 향상시킬 수 있을 것이다.

태양의 서커스(Cirque du Soleil)

'태양의 서커스'단은 퀘벡에서 시작한 세계적인 기업이며 예술의 창조, 제작, 그리고 배급을 주요 업무로 두고 있다. 우리의 사명은 전 세계적으로 감정과 오감을 자극하고 상상력을 불러일으키는 작품을 선사하는 것이다. 우리 기업은 새로운 경험을 창조하는 실험실이며 무대이다. 늘 새로운 예술적 가치에 대해서 연구하며 혁신적인 사고를 추구하고 도전을 두려워하지 않는 용기를 갖고 있다.

우리 기업이 성장하고 꿈을 이루면서 변화를 대표하는 상징으로서 자리 잡길 원한다. 또한 직원들, 협력 업체들, 그리고 고객들 모두 예의를 갖춰 대하는 것을 원칙으로 정하고 있으며 우리가 공연하는 지역의 법을 따르며 서커스를 운영할 것이다. 기업의 모든 내부적 그리고 외부적인 관계들 속에서 우리의 도전 정신과 창의력을 발휘할 것이다.

점수: 5점

코멘트: 새로운 시장 개척이라는 추상적인 기업 목표를 잘 반영한 사명 문구이다. 기업의 자세를 잘 나타내었고 그들 고유의 성격을 담고 있다.

위에서 살펴보았듯이 효과적인 사명 문구는 다음의 기준을 충족시킨다. 명확하게 무엇, 어떻게, 누가, 그리고 왜를 전달하며, 기업의 차별성을 반영하고, 기업 가치를 담고 있으며, 동기부여를 준다.

미래 목표 : 비전의 확립

비전 문구를 통해서 기업의 미래 목표를 정하고 기업의 목적이 미래에 어떤 모습으로 발전할지 구상해 볼 수 있다. 사명 문구가 기업의 현재 목적을 표현한다면 비전 문구는 기업의 미래 방향성을 나타낸다. 전략가는 기업의 현재 위치와 미래 방향을 내다 볼 수 있어야 한다.

> 비전 문구는 전략을 이끌고 동기부여를 제공한다.

비전 문구는 전략을 이끌고 동기부여를 제공한다. 전략적 사고를 통해서 비전 문구가 기업 목표를 달성하기 위한 효과적인 자원 분배과정을 반영할 수 있도록 구상해야 한다. 비전 문구는 각기 다른 부서의 직원들을 기업의 공통된 미래 목표로 연결시키며 그들의 능력을 활용하여 목표를 달성할 수 있도록 이끈다. 또한 기업의 장기적인 목표와 그를 이루었을 때 기대할 수 있는 이익을 나타냄으로서 먼 안목을 갖게 한다.

비전 문구는 사명 문구와 마찬가지로 우뇌를 자극하며 동기부여를 준다. 사명 문구와의 차이점은 아직 이루어지지 않은 기업의 포부를 담고 있다는 것이다. 사명 문구가 현재 기업의 목적을 표현한 것이라면 비전 문구는 앞으로 이루게 될 목적을 목표로 삼고 전진하는 것이다. 로버트 그린리프(Robert Greenleaf)는 그의 저서 '섬김의 리더십(Servant Leadership)'에서 비전을 이렇게 정의했다. "비전은 사람들의 창의력을 자극하고 도전을 줄 수 있는 포부와 공통된 목표를 제공한다."

Dive master practice

> 기업의 사명 문구를 다음의 5가지 기준에 비춰 평가해보자. 5점 만점으로 각 질문마다 1점을 받게 된다.
> 1. 사명이 제시하는 역할은 무엇인가?
> 2. 이 역할은 어떻게 수행하게 되는가?
> 3. 누구를 위해서 이 역할을 수행하는가?
> 4. 왜 이 역할을 수행하는가?
> 5. 사명을 표현하는 방법이 기업의 문화를 반영하는가?
>
> 당신 기업의 사명 문구는 몇 점을 기록하였는가? 사명 문구를 향상시키기 위해서는 어느 부분을 보완하면 되는가?

➡ 효과적인 비전 문구의 기준

'변화의 선두자(Leading Change)'의 저자이며 하버드 경영 대학원 교수인 존 코터(John Kotter)는 효과적인 비전 문구의 6가지 특성을 다음과 같이 설명했다.

1. 형용할 수 있다: 문구를 읽었을 때 그것이 말하는 바를 형용할 수 있어야 한다.
2. 바람직하다: 비전을 이루고자 노력하는 사람들과 실현된 제품을 구입하는 소비자들이 바람직하다고 평가할 수 있어야 한다.
3. 실현 가능하다: 포부를 담고 있지만 현실에서 실현 가능성이 있어야 한다.
4. 방향성을 제시 한다: 직원들에게 미래를 향한 방향성을 제공한다.
5. 유연하다: 역동적인 시장의 특성에 따라 수정과 보완이 가능하도록 유연하게 만든다.
6. 쉽게 전달되어야 한다: 비전 문구는 기업 내에 효과적으로 전달 될 수 있어야 한다.

위의 6가지 조건을 충족시킨 비전 문구를 구상하기 위해서는 많은 시간과 생각이 투자되어야 한다. 현재 기업의 비전 문구가 위의 조건들 중 2가지 이상을 만족시키지 않는다면 다시 구상해볼 필요가 있다.

➡ 비전 문구의 예

비전 문구는 사훈보다는 간결하며 자동차 범퍼에 붙일 수 있을 정도의 길이이면 충분하다. 또한 비전 문구는 기업의 포부를 실현 가능한 활동들과 연결시키면서 미래에 대한 밑그림을 그려보게 한다. 다음은 효과적인 비전 문구들의 예이다.

에이본(Avon)

우리의 비전은 전 세계적으로 제품, 서비스, 자아실현에 관한 여성들의 욕구를 파악하고 만족시키는 최고의 회사가 되는 것이다. 우리 기업은 여성의 미 뿐 아니라 건강, 체력, 자기 성장, 그리고 경제적 독립까지도 증진시키기 위해서 몸 바쳐 일할 것이다.

코멘트 : 강력하고 간결하지만 포부가 조금 미약한 감이 있다.

헤르츠(Hertz)

우리 기업은 자동차와 장비 대여에 있어서 최고의 브랜드가 될 것이다.

코멘트 : 핵심은 명확하나 창의력과 포부가 부족하다.

코카콜라(The Coca-Cola Company)

지속적인 성장을 위한 명확한 목표들을 정했다.

- 직원: 잠재력을 최대한으로 발휘할 수 있는 최고의 일터를 마련할 것이다.
- 지구: 세상의 변화를 가져다주는 책임감 있는 기업이 될 것

이다.
- 제품: 소비자들의 욕구와 필요를 예측하고 만족시키는 음료들을 전 세계적으로 출시 할 것이다.
- 협력 업체: 다양한 협력 업체들과의 제휴를 통해서 신뢰도를 쌓을 것이다.
- 혜택: 기업의 책임을 성실히 수행하며 주주들에게 높은 수익률을 제공할 것이다.

코멘트 : 기업과 관련된 내부적 그리고 외부적인 요소들을 모두 반영한 비전 문구이다. 하지만 수익과 관련된 부분은 감정적인 호소력이 약할 수 있으니 비전 문구에 포함시키지 않는 것이 좋다.

즉 효과적인 비전 문구는: 형용할 수 있고, 바람직한 결과를 담고 있고, 실현 가능하며, 방향성을 제시하고, 유연하며, 쉽게 전달될 수 있어야 한다.

➡ 기업을 이끄는 목적과 가치

기업의 정신과 활동을 이끄는 것은 기업의 현재와 미래 목적에 담긴 가치일 것이다. 가치는 기업 문화를 이루는데 큰 역할을 하며 직원들이 소비자들, 공급처들, 판매처들, 그리고 서로 대하며 소통하는 방식에 영향을 미친다. 또한 결정을 짓는 과정에도 기준점이 된다. 좋은 결정이 되기 위해서는 기업의 가치와 부합되어야 한다.

직원들은 각자 다른 가치관들이 있지만 기업의 가치가 직원 과반수에 의해서 생성되어서는 안 된다. 그 이유는 첫째로, 모든 직원들이 장기적으로 기업에 소속되지 않을 것이며 그들의 의견이 기업 전체를 반영할 수 없기 때문이다. 둘째로, 모든 의견들이 여러 요소들을 고려하여 신중하게 제시된 것이 아니다. 기업의 가치는 창업자를 비롯한 핵심적인 역할을 가진 몇몇의 경영진들의 의해서 확립되어야 한다.

기업의 가치가 영향력을 발휘하기 위해서는 면접, 선발, 해고 과정 등의 모든 운영 면에 반영되어야 한다. 가치를 기업 운영에 투여하면 직원들은 이성적인 옳고 그름의 판단과 함께 감성적인 우뇌의 작용으로 기업에 대한 의리와 자부심으로 일하게 된다. 목적과 마찬가지로 가치의 영향력은 그에 대한 신뢰와 책임감에 따라 결정된다. 가치의 기준을 정할 때 자주 범하는 실수는 기업 문화와 연관이 없는데도 존경할 만한 훌륭한 문구이기 때문에 포함시킨다는 것이다. 예를 들어서 '최상의 질 제공'과 '근검 성실한 자세'는 이상적인 조건들이기는 하나 동시에 기업 가치로 삼기에는 다소 어렵다. 기업만이 갖고 있는 고유의 특성을 살릴 수 있는 가치들을 찾는 것도 효과적이다. 예를 들어, 우수한 고객 서비스 제공을 중점에 두고 많은 비즈니스를 추진했다면 서비스 분야를 기업 가치로 정하는 것이 좋다. 반면에 서비스에 많은 투자를 해오지 않았다면 직원들은 이 분야를 우선순위로 여기지 않을 것이고, 이를 기업 가치로 정한다면 혼란을 빚게 될 것이다.

> 목적과 마찬가지로 가치의 영향력은 그에 대한 신뢰와 책임감에 따라 결정된다.

➡ **가치 기준의 예**

다음으로 몇몇 기업들의 가치 기준을 소개할 것이다. 예를 통해서 볼 수 있듯이 기업마다 가치 기준을 3-5가지로 제한하고 있다. 기준이 5개 이상이면 결정 과정에 일일이 반영하기 어려워진다.

아디다스(Adidas)

- 우리는 고객 중심의 비즈니스를 진행하며 제품의 품질, 모양, 느낌, 그리고 이미지를 발전시키기 위해서 늘 노력한다. 기업의 운영 방침도 소비자들의 기대에 부응하고 그들에게 최상의 서비스를 제공하고자 한다.
- 우리 기업은 혁신적인 디자인의 선두자로서 다양한 종목의 운동선수들이 최상의 성과를 낼 수 있는 제품들을 개발한다.
- 우리는 세계적인 기업으로서 환경에 대한 책임감을 간과하지 않으며 직원들과 주주들에게 정당한 보상을 책임진다.
- 우리 기업은 브랜드와 제품을 지속적으로 발전시키며 시장에서 경쟁력을 키우기 위해서 전념한다.
- 우리는 눈부신 성장과 높은 경제적 수익을 제공하기 위해서 날마다 뛸 것이다.

홀 푸드(Whole Foods)

- 최상 품질의 천연 유기농 제품 판매
- 소비자 만족과 즐거움 보장
- 직원들의 만족한 직장 생활을 위한 지원

- 이익과 성장으로 수익 창출
- 지역사회와 환경 보호에 대한 책임의식

포시즌 호텔 & 리조트(Four Seasons Hotels and Resorts)
- 지역 사회 투자: 기업은 지역 사회에 대한 책임감을 갖고 호텔 내부와 외부를 통해서 지역 사회를 지원하고 경제적 이득을 제공할 것이다. 우리는 청년들을 위한 교육과 멘토링 비즈니스를 운영하고 있으며 다문화 가정을 지원하고 있다.
- 암 연구 지원 : 기업은 지역과 공동사회에서 암 근절을 목표로 삼는 모든 노력들을 지원한다. 전 세계에 퍼져있는 포시즌 호텔들의 합동 작으로 기업은 암 연구를 위해 많은 기금을 마련하고 있다.
- 지구 보호 : 기업은 직원들과 고객들과 함께 지구를 보호하는 노력을 아끼지 않는다. 천연 자원을 보존하고 환경에 미치는 영향을 줄이기 위해 기업은 많은 비즈니스를 추진하고 있다. 또한, 포시즌 호텔이 위치한 지역에서는 환경을 파괴하지 않는 관광업을 개발하여 지역을 보존할 것이다.

기업 가치는 직원들이 소비자들, 동료들, 그리고 지역 사회와 어떻게 관계 맺으며 행동해야 하는 지에 대한 기준을 제시한다. 효과적인 가치 기준들은 행동과 결정을 이끌고, 기업에 방침과 원칙을 제공하며, 사명과 비전에 대한 바탕이 된다. 무엇보다도 가치는 기업 전체의 활동들과 일관성이 있어야 한다.

전략 개발 과정

전략 개발에 있어서 사명, 비전, 그리고 가치 기준의 확립은 매우 중요하다. 이 책에서는 전략적 사고를 키우기 위한 방법들을 제시하고 있으나 이를 부서별로 실천해 볼 수 있는 장을 기업 내에서 마련하는 것이 중요하다. 이제부터 전략개발의 5가지 과정을 자세하게 살펴보도록 하자.(그림 6.2 참조)

전략 개발은 다이버들이 잠수하는 과정과 흡사한 면이 많다. 두 가지 모두 목표물을 보기 위해서는 비전을 갖고 있어야 하며 그를 달성할 수 있는 기술, 통찰력, 그리고 도전 정신이 필요하다. 그렇다면 전략 개발 과정을 잠수의 5단계와 비교해서 살펴보는 것이 어떤가?

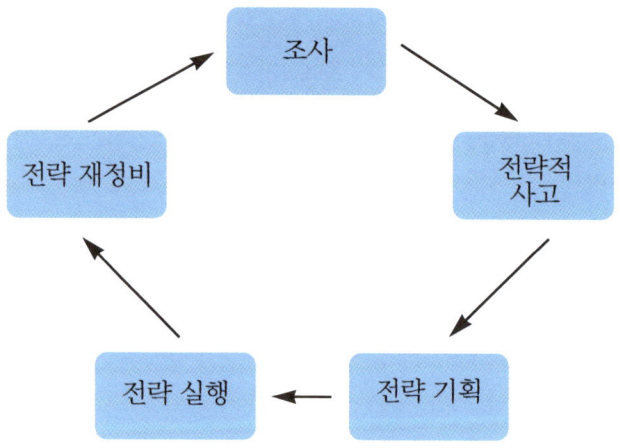

(그림6.2) 전략 개발 과정

➡ I. 준비 단계: "잠수에 대한 조사"

다이버들은 잠수 할 장소를 섭외하고, 팀원들을 선정하며, 수면 아래 무엇이 존재할지에 대한 정보를 수집하며 잠수를 준비한다. 전략개발의 준비 단계 역시 필요한 인력, 개발 과정, 그리고 정보를 모으는 데서 시작한다.

이 단계에서는 전략개발 팀이 구성되고, 개발을 위한 과정이 공유되며, 사전 작업이 시작된다. 사전 작업으로는 시장, 소비자, 경쟁사, 기업에 대한 정보를 모으고, 소비자들과 직원들을 대상으로 인터뷰나 위원회를 구성해서 조사를 실시하는 것이 포함된다.

전략개발 팀은 전략 조사(Strategy Survey)를 통해 기업의 핵심적인 부분들을 파악하고 전략적 사고를 위한 준비를 한다. 전략 조사는 개인적으로 작성하는 것이 좋다. 연구에 의하면 회의에 참여하기 전 개인적으로 생각할 시간을 갖는 것이 회의 결과물의 질과 생산성을 높인다. 이 책에서 소개될 전략 조사는 시장, 소비자, 경쟁사, 기업, 전략을 포함한 5개 분야에 걸친 질문들로 구성되었다. 전략 조사를 통해 전략 팀의 구성원 모두가 전략 회의를 하기에 앞서 생각할 수 있는 시간을 갖게 된다. 전략 구성 과정에 전략 조사를 사전에 포함시켜서 기업 전략을 더욱 효과적으로 세울 수 있도록 하자. (p160-161 의 전략 조사 질문 예들 참조)

➡ **II. 전략적 사고 단계: 잠수 과정 구상**

다이버들은 준비 단계를 마친 후에 잠수 과정을 머릿속으로 그리며 구상해본다. 필요한 장비에서부터 바다 깊숙한 곳에서 보게 될 산호 종류와 동굴 형태, 그리고 밤과 낮에 하는 잠수의 차이 등에 대해 직접 구상한다. 전략적 사고 단계는 비즈니스의 4가지 영역인 시장, 소비자, 경쟁사, 그리고 기업에 대한 통찰력을 얻기 위한 장을 마련한다.

전략적 사고와 전략 기획을 같은 과정으로 보기 때문에 많은 기업들은 효과적인 전략 계획을 세우지 못한다. 전략적 사고는 비즈니스에 대한 통찰력을 얻는 과정인 반면, 전략 기획은 통찰력을 사용해서 기업의 목적과 목표를 달성할 수 있는 활동 계획을 세우는 과정이다. 생각하는 과정 없이 계획 세우는 것은 뇌를 사용하지 않고 기업을 운영하는 것과 같다. 이 책에서 앞서 소개했던 전략적 사고를 위한 도구들은 이 과정에 도움이 될 것이다. 기업에 적합한 모델을 선택해야 효과적인 전략적 사고를 통한 전략 기획을 할 수 있다.

➡ **III. 전략적 기획 단계: 잠수를 위한 계획 세우기**

드디어 배에 타고 잠수할 위치로 갈 준비를 마쳤다. 배에 타서 다이버들은 동료들과 함께 잠수 과정을 계획하고 확인한다. 얼마나 오랫동안 잠수할 것이며, 응급상황에서는 어떤 신호를 사용하고, 어디를 목표로 하고 잠수 할지를 정한다. 전략 기획단계는 같은 원리로 전략의 모든 부분들이 연결될 틀을 만드는 과정이다. 이 과정에서는 전략적 사고로 얻은 통찰력을 바탕으로 기업의 목표와 목적을 고려한 전략 실행 계획을 세운다. 이 계획은 활동마다 완료되어야 하는 기한과 예산도 포함해야 한다. 이 과정의 결과물로는 앞서 살펴보았던 비즈니스 도면인 전략 프린트를 완성하면 된다.

➡ IV. 전략 실행: 잠수하기

이제 바다에 뛰어들 차례다. 물속에 들어간 다음, 다이버들은 장비의 상태를 점검하고 잠수를 시작한다. 전략 실행과정에서 역시 전략 계획을 기업이 전진할 수 있는 활동들로 전환시킨다. 이 과정에선 전략 계획이 기업 전체에 효과적으로 전달되었는지 확인한 다음 실행 계획 방안을 세우도록 한다. 실행 계획 방안은 전략 계획이 실행될 방향과 다른 부수적인 부분들을 기록한 기획서다. 이 방안을 기록할 때 유념할 사항들은 162 페이지에 나오는 체크리스트를 통해서 정리했다.

전략 조사 샘플

시장
- ■ 현재 시장 상태는 어떤가? (하나를 고르고 몇 퍼센트인지를 써라)

성장하는 ☐   안정된 ☐   쇠퇴하는 ☐   퍼센트: _____%

- ■ 시장의 구조는 어떠한가? (항목 당 하나를 고르라)

진입의 장애물	낮음 ☐	보통 ☐	높음 ☐
소비자들의 영향력	낮음 ☐	보통 ☐	높음 ☐
공급자들의 영향력	낮음 ☐	보통 ☐	높음 ☐
대체 가능한 제품들 수	낮음 ☐	보통 ☐	높음 ☐
업계내의 경쟁	낮음 ☐	보통 ☐	높음 ☐

소비자
- ■ 소비자들에게 양질의 서비스를 어떻게 제공하는가?

- ■ 소비자들에게 있어 가장 중요한 3가지 요소를 정하고 자신의 기업과 경쟁 업체의 성과를 각 항목 당 1에서 10 사이의 점수로 평가해보라.

소비자 층: _____

소비자 가치 항목	기업 점수	최고 경쟁사 점수
1. _____	_____	_____
2. _____	_____	_____
3. _____	_____	_____

경쟁사
- 가장 큰 경쟁사는 누구이며, 그 이유는 무엇인가?
- 업계에서 경쟁력 있는 3개의 기업을 적고, 그 기업들과 차별화 된 면들을 소비자 입장에서 적어보라.

경쟁사	차별성
1. _____	1. _____
	2. _____
	3. _____
2. _____	1. _____
	2. _____
	3. _____
3. _____	1. _____
	2. _____
	3. _____

기업
- 기업의 목적은 무엇인가?
- 기업의 강점은 무엇인가?

전략
- 자원 분배를 위한 기준은 무엇인가?
- 기업의 이익 창출을 위해 어떤 모델을 사용하는가?
- 기업 전체에 어떤 방법으로 전략을 전달하는가?

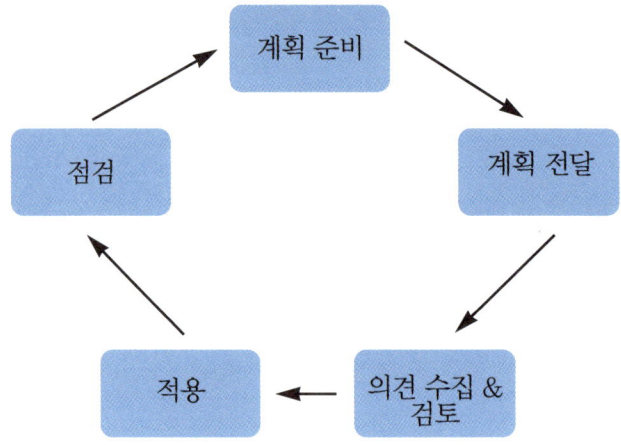

(그림6.3) 전략 실행

☑ 목적 – 이 계획은 어떤 목적을 달성하기 위한 것인가? 계획에 기업의 비전, 목표, 그리고 목적이 확실하게 반영되었는가?

☑ 자원 – 계획을 달성하기 위해서 필요한 유형, 무형, 그리고 인적 자원은 무엇인가?

☑ 책임감 – 각 목표를 달성하기 위해서 각 부서들은 어떤 역할을 맡고 있는가?

☑ 기간 – 계획은 언제까지 완료되어야 하는가?

☑ 예산 – 계획에 포함된 비즈니스들을 위해서는 얼마의 예산이 필요한가?

☑ 방향성 – 기업의 모든 부서들(마케팅, 영업, 운영, IT 등)은 기업의 목표를 향해 같은 방향으로 진행되고 있는가?

☑ 평가 기준 – 진행 상황을 분석하기 위해 명확하고 일관성 있는 기준이 마련되어 있는가?
☑ 활동 기준 – 기업의 자원을 사용하며 비즈니스를 진행 시키는 부서들은 같은 활동 기준을 따르고 있는가?
☑ 의사소통 도구 – 전략 계획을 모든 직원들에게 전달하기 위한 의사소통 방안들이 마련되었는가?

실행 계획 방안이 완성되고 필요한 예산이 정해졌으면 매끄러운 전략 실행을 위한 다음의 5단계를 따르면 된다.(그림 6.3 참고)
1. 전략 소통을 위한 도구 마련
2. 소통 도구를 이용해 전략 계획을 모든 직원들에게 전달
3. 전략 활동 계획의 구성 요소들과 소통 도구들에 대한 직원들의 의견 수집 및 검토
4. 전략 행동 계획의 요소들을 직원들의 업무에 적용시키기
5. 직원들의 전략 이해정도 평가 및 전략과 전술의 효과와 적절성에 대한 주기적인 점검

➡ V. 전략 재정비 단계: 잠수 과정 재검토

다이버들이 잠수를 마치고 배로 돌아온 후에는 잠수 깊이, 가시거리, 그리고 잠수 시간 등의 부분들을 다시 검토한다. 마찬가지로 전략 재정비 과정은 전략의 효과를 지속시키기 위한 단계이다.

전략 재정비는 분기마다 약 반나절에서 하루 정도의 시간이 소요된

다. 이때 전략 개발 팀은 비즈니스의 성과를 객관적으로 분석한다. 비즈니스의 4가지 영역을 재검토하면서 전략과 전술을 조정하고 보완하는 과정이다.

전략 워크숍 이끌기

전략 워크숍은 전략 개발 과정에 핵심적인 역할을 할 수 있는 도구이다. 전략 워크숍을 통해서 기업의 전략 방향에 관한 공식적인 토론의 장을 마련할 수 있다. IBM의 마케팅 담당 부회장 브루스 해럴드(J. Bruce Harrel)는 전략 워크숍의 중요성을 강조했다. "전략의 핵심은 객관적인 사실들에 근거한 토론을 통해 발견하게 된다. 이 방법으로 IBM의 2만 5천명 이상의 관리자들은 전략을 구상하고 실행한다."

전략 워크숍은 다음과 같은 혜택들을 제공한다.
- 비즈니스에 대한 이해를 돕는다. 비즈니스의 4가지 영역(시장, 소비자, 경쟁사, 기업)에 대한 토론을 통해서 모든 부서가 같은 방향으로 움직일 수 있도록 한다.
- 혁신적인 생각을 유도한다. 전략적 사고를 위해서는 선입견을 버려야 한다. 가장 기본적인 선입견을 버리면 새로운 안목이 생기고 소비자들을 위해 새로운 가치를 창출해낼 수 있다.
- 준비된 자세를 만든다. 전략 워크숍을 통해 전략의 개념, 틀, 그리고 도구들에 대한 교육을 제공 할 수 있다. 또한 경영자들

이 전략적 사고를 할 수 있는 실용적인 방법을 제시한다.
- 워크숍을 통해 경영층의 안목을 평가해 볼 수 있다. 전략 계획을 담은 파워포인트를 멋지게 만드는 능력이 중요한 것이 아니다. 전략에 관한 토론에 적극적으로 참여할 수 있는 능력이 필요하다. 이를 위해서는 다른 이들의 말을 들을 수 있으며, 여러 분야의 정보를 통합시킬 수 있고, 비즈니스 통찰력을 실시간으로 발휘할 수 있어야 한다. 경영자들의 통찰력을 평가할 수 있는 좋은 무대가 전략 워크숍이다.

➡ **전략 워크숍 진행**

효과적인 전략 워크숍을 진행하기 위해서는 5가지 단계가 있다.

1. 워크숍의 취지를 결정한다. 목표는 무엇인가? 전략 개발을 위한 과정인가? 이 워크숍은 기업에 적합한가?

2. 참가인원을 점검한다. 부서들마다 참가자들이 있는가? 고위직 뿐 아니라 중간 관리자들의 참여도 있는가? 연구 결과 전략 워크숍의 56퍼센트가 중간 관리자들의 참여 없이 이루어진다고 한다. 이는 소비자들과 교류하는 이들의 의견을 반영할 수 없게 만든다. 전략 실행을 직접 관리하는 중간 관리자들을 워크숍에 포함시키지 않음으로 전략 실행의 장애물을 만들 수도 있다. 작가 피오나 차르니아스키(Fiona Czerniawska)의 지적처럼 "전략 실행에 있어서

가장 큰 장애물은 참여 인원이 전략에 대한 직접적인 주인의식이 없었고 실행에 대한 책임감을 느끼지 못하는 것이었다."

3. 워크숍 전에 전략 조사를 하도록 한다. 워크숍의 참여도를 높이기 위해서 참가자들이 생각하고 조사할 수 있는 충분한 시간을 제공한다. 전략 조사와 같은 도구는 비즈니스에 대해서 간단하면서도 포괄적으로 파악할 수 있도록 돕는다. 연구 결과 45퍼센트의 직원만이 워크숍 전에 준비하는 시간을 반나절 정도 갖는다고 한다. 사전의 준비 부족은 워크숍에 투자하는 시간을 최대한으로 활용할 수 없게 하며 부족한 계획에서 비롯된다.

4. 참가자들에게 사전에 읽어야 하는 자료들을 제공한다. 워크숍 토론 과정 중 알고 있어야 하는 필요한 개념, 도구, 모델들 등에 대해서 미리 파악할 수 있는 논문이나 기사를 준비해서 미리 나눠준다. 참가자들에게 통찰력을 발휘할 수 있는 생각의 틀을 제공하여 일상적인 업무에서 벗어나서 큰 그림을 볼 수 있는 안목을 준다.

5. 워크숍 과정을 설계하고 준비한다. 워크숍을 이끄는 자로서의 추진 능력을 발휘해야 한다. 두서없이 진행되는 토론, 안건 없는 회의, 리더십이 부족한 의장은 모임의 단결

력을 흐트러트린다. 효과적인 의장은 전략에 대한 전문지식을 갖고 있고, 기업에 적합한 모델을 제시할 수 있으며, 워크숍 참가자가 들이 전략적 사고를 할 수 있도록 이끌어 줄 수 있어야 한다. 리즈 대학교 경영 대학원 (Leeds University Business School)의 제라드 호지킨슨 (Gerard Hodgkinson)교수는 다음과 같은 제의를 했다. "때로는 외부에서 의장을 초빙해서 워크숍을 운영하는 것이 효과적이다. 이 경우 기업의 내부적인 갈등요소들과 개인의 경력과 일하는 분야에 구애받지 않는 전략과 관점들을 살펴볼 수 있다."

전략 워크숍 후에는 전략에 대한 행동 계획, 책임자, 담당 부서, 완료 기한을 정해야 한다. 4주 정도 후에는 후속 워크숍을 실시해서 경과에 대해서 보고하는 시간을 갖는 것이 좋다. 또한 워크숍을 통해서 얻은 통찰력을 공유할 수 있는 도구도 같이 선정해야 한다. 기업 내 통신망이나 데이터베이스 등의 도구를 통해서 수집된 기획들을 토대로 핵심 비즈니스를 지속적으로 발전시켜야 한다.

이 과정들이 제대로 이루어진다면, 전략 워크숍은 직원들을 교육하고, 동기부여를 주며, 운영을 더욱 효과적으로 할 수 있도록 도울 것이다. 하지만 워크숍을 아무런 준비도 없이 진행한다면, 시간 낭비가 되고, 사기를 저하시키며, 직원들 능력에 대한 자신감을 잃게 할 뿐이다.

이번 장의 핵심 내용

- 목적은 세 가지 형태로 나타난다.
  1. 현재의 목적 또는 사명
  2. 미래의 목표 또는 비전
  3. 목적을 이끄는 가치이다.

- 사명 문구는 기업이 현재 존재하는 이유에 대한 간결하고 지속력 있는 문장이다.
- 비전 문구를 통해서 기업의 목표를 정하고 기업의 목적이 미래에 어떤 모습으로 발전할지 구상해 볼 수 있다.
- 가치는 기업의 정신과 활동을 주관하고 기업 문화를 이루는 방침이다.
- 전략 개발을 다음의 5단계로 이루어진다.
  - I. 준비 단계: 잠수에 대한 조사
  - II. 전략적 사고 단계: 잠수 과정 구상
  - III. 전략적 기획 단계: 잠수를 위한 계획 세우기
  - IV. 전략 실행: 잠수하기
  - V. 전략 재정비 단계: 잠수 과정 재검토

- 효과적인 전략 워크숍을 통해서 다음과 같은 효과를 기대할 수 있다.
- 비즈니스에 대한 이해를 돕는다.
- 혁신적인 생각을 유도한다.
- 준비된 자세를 만든다.
- 워크숍을 통해 경영층의 안목을 평가해 볼 수 있다.
- 성공적인 전략 워크숍의 준비 과정
    1. 워크숍의 취지를 결정한다.
    2. 참가인원을 점검한다.
    3. 워크숍 전에 전략 조사를 한다.
    4. 참가자들에게 사전에 읽어야 하는 자료들을 제공한다.
    5. 워크숍 과정을 설계하고 준비한다.

CHAPTER 07
전략적 사고의 위험들

잠잠한 바다에서는 숙련된 선원이 될 수 없다.
마찬가지로 성공과 번영이 쉽게 이루어진다면
진정한 유익함과 만족감을 만들 수 없다.
역경의 풍파가 밀어닥칠 때, 생각은 꿈틀거리게 되고,
잠재력이 깨어나며, 항해자는 용기를 배운다.

토마스 헤인즈(Thmas L. Haines), 작가

최고의 전략가들도 때로는 전략적 사고에 있어서 오류를 범하게 된다. 사람들은 선입관과 편견에 쉽게 기우는 경향이 있는데 이러한 점은 전략적인 사고와 행동에 좋지 못하다. 이러한 경향을 빨리 파악해내면 중요한 결정을 내릴 때 보다 안심할 수 있고, 최고의 능력을 전략으로 맞바꿀 수 있을 것이다. 이 장에서는 전략적 사고를 할 때 유념해야 할 9가지 위험요소들을 다룰 것이다. 하지만 위험요소에 대해 걱정할 필요는 없다. 각 위험요소에 대한 해결책 또한 제공되니 전략적 사고를 방해하는 요소들을 충분히 제거할 수 있다.

1. 절대적 성과

많은 사람들은 최선만 다하면 경쟁사들이 무엇을 하든 상관이 없을 것이라고 생각한다. 하지만 기업의 성과는 절대적이 아니라 상대적이다. 기업 역사상 가장 위대한 제품을 만들어냈고 소비자 만족도도 훨씬 높아졌을 지라도 이것이 반드시 성공으로 이어지는 것은 아니다. IMD의 필 로젠츠바이그(Phil Rosenzweig)교수는 GM이 기업 역사상 가장 우수한 자동차를 생산해내고, K마트가 재고 관리, 물품 조달, 그리고 주문 시스템을 향상시켰음에도 불구하고, 두 회사 다 업계에서 계속 뒤떨어지게 되었다는 점을 지적하였다. 이들 기업이 경쟁에서 지게 된 이유는 경쟁 업계들이 더 우수한 조건을 선보이며 업계를 지배했기 때문이다. 결국 GM사의 시장 점유율은 점점 하락했고, K마트는 파산에 이르게 되었다.

이는 경쟁사를 모방하라는 것이 아니라 그들이 현재 무엇을 하고 있으며 그것이 소비자들에게 어떻게 평가되고 있는지 분석해야 한다는 것이다. 전 미국 재무부 장관이자 골드만삭스의 경영자인 로버트 루빈은 이렇게 말한다. "절대적인 기준으로 평가받지 못한다는 것을 깨달았다면, 확률, 기회, 타협의 중요성 또한 알게 될 것이다.

해결책

절대적인 기준을 피하기 위해서 다음을 고려하여 보자.

- 기업 성장을 다른 기업들과 비교하여 평가하라.
- 시장, 소비자, 경쟁사, 기업의 현황을 늘 파악하고 경영자들이 이 정보를 토대로 결정을 내릴 수 있도록 하라.
- 기업의 강점을 파악했다면 다른 경쟁사들과 그 능력을 비교해 보라.

2. 닻 효과

결정을 내릴 때 가장 먼저 접한 정보에 더 비중을 두게 되는 경우가 많다. 이것을 '닻 효과'라고 부른다. 먼저 알게 된 정보 때문에 기준을 너무 높거나 낮게 잡게 되고 결정 과정에 영향을 미친다. 많은 연구 결과에 의하면, 진행 초기에 닻을 정하게 되면 이 닻 위치는 쉽게 조정되지 못하고 잘못된 결정으로 이어질 가능성이 크다고 한다.

부동산 감정 평가사들을 대상으로 한 조사에서 10페이지의 자료 중 매물 기준 가격만을 바꿈으로서 매물 감정 가격을 1만 달러 이상 조정할 수 있음이 조사되었다. 거의 모든 종류의 협상에서는 이 효과를 사용해서 더 유리한 조건을 채결하려고 한다. 닻 효과의 예로는 기업의 연봉 협상 과정에서 낮은 기본급을 제시하는 것, 작년 예산을 높여서 올해 더 많은 예산을 책정 받는 것, 또는 소비자가 낮은 가격을 먼저 제시해서 물건 값을 깎는 것 등이 있다.

닻 효과는 전략적 사고에서도 나타난다. 이때 자주 사용 되는 닻은 작년 전략 기획서 또는 올해 경제 전망이다. 작년 기획 때 사용했던 정보를 지금 다시 반영한다면 그 전략은 실패할 수밖에 없다. 전략에 필요한 모든 정보들은 지속적인 업데이트를 통해서 정확성이 유지되어야 한다. 작년 기획을 수정만 해서 사용한다면 새로운 통찰력을 얻을 수 없을 것이고 전략 방향의 전환도 이루어지지 못하며 결국 기업에 불이익을 가져다 줄 것이다.

기업의 관료적인 체제는 전략 개발 이전에 예산 계획을 요구한다. 그러므로 예산계획을 세울 때 직원들은 모든 것을 최소화 하고 적은 비용으로 감당할 수 있도록 한다. 이와 같은 접근은 전략적 사고를 방해하며 숫자와 결과물에만 집중하는 잘못된 닻의 효과를 나타낸다. 이런 상황에서 효과적인 전략 개발을 기대하는 것은 독수리의 날개를 묶은 채 하늘을 날게 하려는 것과 같다.

'무슨 수를 써서라도 성공시켜!'라는 좌우명이 당신의 기업의 것이 되지 않길 바란다.

> 전략에 필요한 모든 정보들은 지속적인 업데이트를 통해서 정확성이 유지되어야 한다.

해결책

전략적 사고 중 닻의 함정을 피하기 위해, 다음을 고려하여 보자.
- 닻이 놓인 시점이 아닌 다른 기준점들을 찾아보자.
- 다른 기준들로 상황을 고려해보라. (예 마케팅 부서는 영업, 운영,

인적 자원부의 의견도 참고함)
- 닻의 존재를 파악하고 기록한 다음(종이, 컴퓨터) 모든 직원들과 공유하라.

3. 벤치마킹

　벤치마킹은 겉으로만 본다면 기업의 이익을 가져다주는 활동임에 틀림없다. 하지만 위험 요소는 늘 숨어있다. 벤치마킹을 할 때는 어떠한 사례를 찾는지 확실히 정하고 시작해야 한다. 전략적 사고의 첫 번째 요소인 통찰력은 상황을 이해하는 데서 시작된다. 기업에서 벤치마킹 하고자 하는 영역들에는 기업 문화, 보상제도, 시장 구성, 경쟁력 구도, 소비자 영향력 등이 있다. 이때 경쟁사의 전략들이 어떻게 이 영역들을 지원하고 있는지 파악하는 것이 중요하다. 또한 기업 내에서 이 영역들 간의 관계가 어떤지도 알아야 한다. 벤치마킹을 하고도 경쟁사의 상황과 영역들을 파악하지 못했다면 이를 배우고 기업에 적용시킬 수도 없을 것이다.

　스탠포드 경영대학원의 제프리 페퍼(Jeffrey Pfeffer) 교수는 이런 농담을 던졌다. "사우스웨스트 항공은 업계 역사상 가장 성공적인 항공사이다. 1982년부터 2001년까지 최고 경영자였던 허브 켈러허(Herb Kellerher)는 와일드 터키 버본주를 많이 마시기로 유명했다. 그렇다면 당신 기업이 성공하기 위해서는 최고 경영자가 이와 마찬가지로 와일드 터키 주를 많이 마시면 되는가?"

해결책:

효과적인 벤치마킹을 위해, 다음을 고려하여 보자.
- 정확하게 벤치마킹 할 영역을 파악하라.
- 벤치마킹할 대상이 놓인 상황을 분석하고 현재 당신 기업의 상황과 비교해보라.
- 벤치마킹할 대상이 경쟁 기업 내에서 놓인 위치를 살펴보고 주변 환경을 파악하라.

4. 확증 편향

컴퓨터는 객관적인 방법으로 문제를 분석할 수 있다. 하지만 사람은 그렇지 못하다. 우리는 먼저 마음속에 결정을 내리고 그 결정을 뒷받침 할 수 있는 이유들을 찾게 된다. 치우친 결정을 하게 되는 이유는 자신이 믿고 있는 사실과 일치하는 정보와 반대 의견이 왜 잘못되었는지 증명하는 사실들만을 찾기 때문이다. 이 현상으로 이성적인 사람들마저 자신과는 다른 의견을 뒷받침해주는 정보들을 놓치게 된다. 이를 보여준 예가 폴라로이드(Polaroid)의 전 최고 경영자의 인터뷰 상황이다. "사진 비즈니스에서 가장 중요한 것은 소프트웨어와 소모품들이다. 하드웨어는 돈벌이가 되지 않는다. 이 현상을 과거에도 그랬고 앞으로도 변하지 않을 것이다."

효과적인 전략가들은 자신들의 선입관과 편견들이 비즈니스를 바라보는 시각에 영향을 준다는 것을 알고 있다. 그 틀을 벗어나지 못하면 다른 관점들과 의견들을 수용할 수 없게 된다.

유용한 정보를 사용하지 못하는 이유는 그를 찾으려는 노력 없이는 눈에 잘 보이지 않기 때문이다. 자주 비행기로 여행을 한다면 보안 검색대의 존재에 익숙해졌을 것이다. 하버드 의과 대학과 브리그햄(Brigham) 여성 병원 연구원들은 공항의 보완 검색대를 모방한 기구를 설치하고 참가자들에게 여러 가방들을 검색하게 했다. "가방에 위험한 물건이 있을 확률이 50퍼센트라고 했을 때, 그들은 7퍼센트를 제외하고 모든 물건들을 찾아냈다. 하지만 위험한 물건이 담겼을 확률을 1퍼센트라고 하자 그들은 30 퍼센트의 물건들을 그냥 통과시켰다."

이 사례에서 볼 수 있듯이, 위험한 물건이 있을 가능성이 없다고 생각했을 때 사람들은 적극적으로 찾으려고 노력하지 않았다. 비즈니스 상황으로 적용해본다면 새로운 통찰력을 얻기 위한 준비가 되지 않았다면 시장의 변화와 경쟁 구도를 파악하지 못할 것이다. 이렇게 되면 전략 계획들은 쉽게 무너지고 말 것이다.

> 비즈니스 세계에서 새로운 통찰력을 얻기 위한 준비가 되지 않았다면 시장의 변화와 경쟁 구도를 파악하지 못할 것이다. 이렇게 되면 전략 계획들은 쉽게 무너지고 말 것이다.

해결책

전략적 사고 중 치우친 결정을 피하기 위해, 다음을 고려하여 보자.

- 객관적 시각을 갖기 위해 모든 입장에 대한 증거들을 비교해 보자.
- 자신의 입장을 정했다면 그 이유를 살펴보고 반대 입장도 고려해보라.

다른 입장을 갖고 있는 사람들의 의견을 듣고 그들의 관점도 살펴보라.

5. 미래 예측

어떤 일이든 사전에 계산하거나 어림잡는 다는 것은 어렵다. 날씨나 주식시장에선 때론 아무런 전문 지식도 없는 아마추어들의 예상이 기상학자들과 주식 전문가들 보다 정확할 때가 있다. 기업 측면에서 미래를 예측할 때 주의해야 할 사항들이 있다. 첫째로 너무 자만해서는 안 된다. 물론 자신감으로 역경을 딛고 꿈을 이룬 경우들도 있다. 하지만 자신의 능력을 너무 믿었다가 큰코다치게 되는 경우들도 종종 있다. 1970년대에 미국 교육 위원회에선 백만 명의 대학생들을 대상으로 자신들을 또래들과 여러 항목에 걸쳐 비교해보라고 했다. 그 결과, 리더십 면에서 70퍼센트의 학생들이 자신들의 능력을 평균이상이라고 평가 했고, 단 2퍼센트만이 평균 이하라고 답했다. 또한, 체력 면에서는 60퍼센트의 학생들이 자신들은 평균이상으로 평가하고 있었으며, 평균 이하라고 생각하는 학생들은 6퍼센트에 불과했다.

미래를 예측할 때 범하게 되는 또 다른 오류는 기억력 때문에 생긴다. 기억력은 한계가 있어서 인상적이었거나 극적인 일들을 더 선명하게 저장하게 된다. 예를 들어 사람을 공격한 상어가 화제가 되어 언론의 주목을 받는다. 이 뉴스를 본 사람들은 강한 인상을 받게 되어, 상어가 사람을 공격하는 횟수가 잦은 것으로 오해한다. 실제로, 상어의 공격으로 사망할 확률이 폭발한 비행기 부품에 맞아서 사망할 확률의 30분의 1이라고 한다. 혁신적인 제품 개발을 위한 프로젝트는 비슷한 자본을 가진 소규모 비즈니스보다 우선순위에 놓이게 되고 많은 관심을 받게 된다.

미래 예측이 어려운 또 다른 이유는 평균치 사용에 대한 오류이다. 많은 기업들은 결정을 내릴 때 평균치를 사용하는 경우가 많다. 하지만 전략가의 경우, 평균이 적절하게 사용될 수 있는 상황이 있는 반면에 잘못된 결정으로 이어지게 할 수 도 있다는 것을 안다. 작가 샘 새비지(Sam Savage)의 이야기는 이를 설명한다. "평균 높이가 3미터인 강을 그 평균치만 고려하고 건너다가 강이 갑자기 불어나 떠내려 간 상황을 생각해보자. 평균 상황만을 생각하고 세운 계획들은 그대로 이루어지지 않을 확률이 높다."

해결책
미래를 예측해야할 상황이 생긴다면, 다음을 고려해 보자.
- 지나친 자신감: 오류 범위를 염두에 둔 예측을 하자.
- 기억력: 객관적인 근거를 가지고 있는 자료들과 사실들을 사

용하라.
- 평균치: 가능하다면 평균치보다는 정확한 값을 파악하라.

6. 집단 사고

전략적 사고와 전략 계획 구상은 종종 한 팀을 이루어 같이 진행한다. 이때 집단 사고 효과를 고려해야 한다. 집단 사고는 비슷한 생각을 가진 사람들이 외부의 영향을 받지 않고 의견의 일치를 이루어야 한다는 압력 아래서 생겨난다. 집단 사고로 인해 객관성은 간접적으로 줄어들고 비판적인 의견은 수용되지 않는다.

예일 대학교의 심리학자였던 어빙 재니스(Irving Janis)는 집단 사고의 8가지 증상에 대해서 설명했다. 회의에 참여하게 된다면 다음과 같은 증상들이 존재하는 지 살펴보라.

1. 지나친 긍정주의와 과도한 도전 의식
2. 경고 신호들을 합리화시키고 무시하려는 경향
3. 집단의 결정에 대한 무조건적 신뢰
4. 경쟁사로부터 위협을 느끼지 않아도 된다는 안일함
5. 다수의 의견에 동의하지 않는 자들에게 무언의 압력
6. 늘 만장일치를 이루고 있다는 착각
7. 집단이 결정한 사항에 동의하지 않아도 받아들임
8. 집단이 결정한 사항을 뒷받침하는 정보만 받아들이고 반대 의견에 대한 증거는 고려하지 않음. 전략 워크숍의 의장을 외

부에서 찾는 것이 효과적인 이유는 이와 같은 집단 사고를 막기 위해서이다. 외부 직원은 다른 관점을 제공하고 집단 사고가 일어나는 상황에 객관적으로 대응할 수 있다. 외과의사가 자신 가족의 수술을 직접 집도하지 않는 이유는 감정을 통제하기 어렵기 때문이다. 마찬가지로 기업도 전략적 사고를 평가할 때 외부의 의견을 수용하는 것이 좋다.

해결책
집단적 사고를 줄이기 위해 다음 사항들을 기억하자.
- 집단 내의 한 사람에게 반대의 입장에서 토론하게 하는 역할을 맡겨라.
- 외부 직원을 통해 객관성을 유지하고 다양한 의견들을 모아보라.
- 다른 부서(마케팅, 연구 개발, IT, 인사부 등)의 직원들 의견을 모아서 다양한 관점을 살펴보라.

7. 후광효과

후광효과는 전반적인 견해만을 갖고 절대적인 결론을 내리는 것을 뜻한다. 심리학자 에드워드 손다이크(Edward Thorndike)에 의해 처음 고안된 이 효과는 최근 필 로젠쯔바이그(Phill Rosenzweig) 교수에 의해 경영학에도 적용되었다. 후광 효과는 기업의 높은 혹은 저조한 전반적인 성과를 구체적인 비즈니스들과 연결시키는 것이다. 로젠쯔바이그 교수는 '훌륭한 기업의 조건(In Search of Excellence)', '성공하는 기업들의 8가지 습관(Built to Last)', '좋은 기업에서 위대한 기업으로(Good to Great)' 등의 경영 서적들에서 나타난 후광 효과에 대해서 설명한다. 이 책들은 후광 효과의 영향을 받은 자료들을 갖고 기업 성공의 원인이라고 제시하고 있으나, 이 자료들은 단지 기업의 성과를 설명할 뿐이다. 이 책들에서 소개한 기업들은 그들이 갖고 있는 성격 때문에 성공을 거두었다고 한다. 하지만 책에서 사용한 자료들은 잡지 기사에 실린 기업 성공담 등 성과와 직접 관련이 있는 자료들이기 때문에 성공의 직접적인 원인이라고는 볼 수 없다.

후광 효과는 성공한 기업의 모든 면들을 자신의 기업에 적용시키려는 노력에서도 볼 수 있다. 모방하려는 면들이 기업의 성공과 직접적인 관련이 있었는지 확인하지 않은 채 일시적인 유행을 쫓듯 모방하고 싶어 한다. 또한, 후광 효과로 과거에 효과적이었던 전략을 현저히 다른 미래 상황에 적용시키기도 한다. 앞서도 말했듯이 합리적인 결정을 위해서는 현재 상황을 파악하고 이해하고 있는 것이 중요하다. 불행히도 요즘 나오는 경제서적들은 간단한 공식만 제공하려 할뿐 구체적인 상황을 고려하지 않는다.

해결책

후광 효과를 피하기 위해, 다음을 고려하여 보자.
- 자료의 출처를 파악하고 편견을 버리자.

- 시각적으로 상황을 분석하며 원인, 결과, 예기치 않았던 상황 등을 파악하라.
- 행동을 제안하기 전, 현재 상황을 파악하고 전략적 사고를 위한 안목, 분배, 실행의 개념을 기억하라.

8. 현상유지

"고장 나지 않았으면 그냥 써라." "긁어 부스럼 만들지 말라." 등의 속담은 현상유지를 선호하는 시대 의식을 반영한 것이다. 새로운 시도를 하는 것과 현상유지하는 것 중 하나를 고른다면 다수의 사람들은 현상유지 쪽을 택한다.

하지만 늘 현상유지만을 하다보면 점점 더 도전 하는 것을 회피하게 된다. 현재 상황에서 벗어나는 것은 도전을 의미하고 그와 동시에 실패할 수 있는 확률이 생기기 때문에 현상유지의 안정감을 선호하는 것이 그리 이상한 일도 아니다. 하지만 여러 경우 현상유지만 하는 것은 이상적인 결정이 아니며 기업의 쇠퇴로 이어질 수 도 있다.

아모스 트버스키(Amos Tversky) 교수와 다니엘 카네만(Daniel Kahneman) 교수는 의사 결정에 관한 많은 연구를 한 결과, 원금을 보장할 수 있는 투자만 하는 것은 위험 회피형이고, 잃은 확률이 있는 투자도 감행하는 것은 위험 지향형이라고 분류했다. 위험 회피형은 현재 자본을 잃을 위험이 전혀 없으면서 이득을 낼 확률도 있는 투자만을 한다. 하지만 자본을 잃게 될 수도 있는 투자는 위험 지향형만이 할 수 있다. 다음의 예를 살펴보자.

다음의 두 상황을 가정 해보자. 첫 번째 경우 확실하게 80달러를 벌 수 있게 되고, 두 번째 경우 100달러를 벌 수 있는 85퍼센트의 확률과 아무것도 벌 수 없게 되는 15퍼센트의 확률이 있다. 대부분의 사람들은 더 많이 돈을 벌 수 있는 두 번째 경우보다 안전한 첫 번째 경우를 선택한다.

옵션1 : 80달러 × 1(확실한 결과) = 80달러 원금 보장
옵션2 : 100달 × 0.85(확률) + 0달러 × 0.15(확률) = 85달러 평균 이익

평균적으로 두 번째 경우가 더 많은 이익을 가져오지만 손해의 가능성이 있기 때문에 많은 사람들은 위험을 회피하고 첫 번째 경우를 선택하게 된다.

일반적으로 손해에 대한 위험 부담은 그와 비슷한 확률의 이익이 있을 경우보다 결정을 크게 좌우한다. 따라서 많은 전략 결정들은 어떤 액수를 버는 만족감을 증가시키는 것보다도 같은 액수를 잃었을 때 오는 좌절감을 피하려 한다. 인간의 이 같은 본성은 전략 결정에 큰 영향을 미치게 된다. 하지만 성공의 가능성이 클 경우에도 도전을 회피하려는 것은 바람직하지 않다.

해결책

현상 유지만을 하려는 상황을 피하기 위해, 다음을 고려하여 보자.
- 원하는 결과에 대해 생각해보고 현상 유지를 하는 것 보다 나은 것이 무엇인지 생각해보라.
- 상황을 개선하기 위해서 필요한 변화들이 무엇인지 살펴보고 한번 하고 나면 앞으로는 더욱 쉬워질 거라는 것을 기억해라.
- 현상 유지 이외에 다른 대책들에 대해 연구하고 그에 따르는 이득이 무엇인지 분석해라.

9. 매몰비용

포커 게임을 해보았다면 너무 많은 손해를 보았을 때 게임을 포기해야 하는 어려움이 얼마나 큰지 알 것이다. 계속해서 잃기만 했으니 칩을 좀 더 쓰고 가도 손해 액수는 비슷할 거라고 생각하고 계속하는 것은 큰 오류이다. 이 오류는 비즈니스에 지금까지 많은 투자를 해온 경영자들이 자주 범한다.

매몰 비용은 더 이상 회복이 불가능한 투자를 뜻한다. 연구에 의하면 과거에 투자를 계속하기로 결정을 했었기 때문에 지금 상황에 그 결정이 적합하지 않더라도 계속하려는 경향이 있다고 한다. 효과가 없는 비즈니스에 계속 투자한다는 것은 무척 어리석어 보이지만 경영자들은 자신들의 잘못되었던 판단을 인정하지 않고 싶어 하기 때문에 비즈니스를 쉽게 접지 못한다. 기업 문화가 실수를 질책하고 중단된 비즈니스에 대해서 질타를 한다면 이 현상은 더욱 악화 될 것이다.

해결책

매몰 비용의 위험을 피하기 위해, 다음을 고려하여 보자.

- 새롭게 시작하기: 모든 비즈니스를 포기하고 오늘부터 새롭게 시작할 수 있다면 기업 자원을 더욱 효과적으로 사용할 수 있는가?
- 외부 사람에게 현재 상황에서 가장 현명한 선택이 무엇인지에 대한 자문을 구하라.
- 결정에 대한 기업 문화에 대해 생각해보라. 실수를 인정했을 때 이해하고 새로운 기회를 주는가? 아니면 책임을 묻고 질책하는가?

항상 전략이 성공적인 결과로 이어지는 것은 아니지만 결정을 할 때 가장 효과적인 방법에 대해 생각한다면 성공의 확률을 높일 수는 있다. 전략적 사고의 위험들에 대해서 이해하고 있다면 기업이 경쟁사들을 제치고 효과적인 전략을 실행시키며 성공 궤도를 달릴 수 있을 것이다.

Dive master practice

! 전략적 사고의 9가지 위험 요소들을 카드에 적고 다음 회의 때 가져가 보라. 회의가 끝난 후에 관찰된 위험 요소들이 무엇이었는지 표시해보라. 한 주 후에 위험 요소들이 일어난 횟수를 계산해보라. 어떤 위험 요소가 가장 많이 발생했는가? 이 요소들이 앞으로 일어나지 않으려면 어떻게 해야 하겠는가?

memo

이번 장의 핵심 내용

전략적 사고를 할 때 유념해야 할 9가지 위험요소들

1. 절대적 성과: 기업의 성과는 절대적이 아니라 상대적이다.
2. 닻 효과: 결정을 내릴 때 가장 먼저 접한 정보에 더 많은 비중을 두는 것이다.
3. 벤치마킹: 경쟁사를 벤치마킹 할 때는 어떠한 사례를 찾는지 확실히 정하고 시작해야 한다.
4. 확증편향: 치우친 결정을 하게 되는 이유는 자신이 믿고 있는 사실과 일치하는 정보와 반대 의견이 왜 잘못되었는지 나타내는 사실들만을 찾기 때문이다.
5. 미래 예측: 자신감이 지나치거나, 기억나는 부분들에만 집중하고, 평균치를 사용할 때 미래 예측의 어려움이 생긴다.
6. 집단적 사고: 집단적 사고는 비슷한 생각을 가진 사람들이 외부의 영향을 받지 않고 의견의 일치를 이루어야 한다는 압력 아래서 생겨난다.

7. **후광효과:** 후광 효과는 전반적인 견해만을 갖고 절대적인 결론을 내리는 것을 뜻한다.
8. **현상유지:** 사람들은 새로운 시도를 하기보단 현상 유지하는 쪽을 택한다.
9. **매몰 비용:** 과거에 투자를 계속하기로 결정했었기 때문에 지금 상황에 그 결정이 적합하지 않더라도 계속하려는 경향으로 매몰 비용이 생긴다.

CHAPTER 08
도전을 위한 자신감

미지의 진실이 가득 찬 해양이 내 앞에서 일렁일 때, 나는 즐거운 기분으로 예쁜 조개껍질이나 조약돌 따위를 줍는 해변의 아이와 같았다.

아이작 뉴튼, 물리학자, 수학자이자 천문학자

'설계'라는 단어는 주로 건축, 공학, 또는 패션의 분야에서 사용하는 단어이다. 따라서 전략과 설계는 같이 접하기 어려운 단어들이다. 하지만 '목적에 맞는 독창적인 재료의 배열'이라는 설계의 정의를 보면, 전략적 사고와도 비슷한 개념이라는 것을 알 수 있다. 전략가들은 기업의 경쟁력을 높이기 위해서 다양한 자원들 이라는 퍼즐 조각들을 재배치시키고 맞춰본다. 이 과정을 더욱 어렵게 만드는 것은 퍼즐 조각들의 모양과 크기가 상황에 따라 변한다는 것이다. 소비자들의 성향 변화, 경쟁자들의 신제품, 시장의 변화 등 모양이 변화무쌍한 만화경을 보는 듯 늘 변수가 많다.

전략 설계

전략 설계는 기업의 상황을 충분히 파악할 수 있도록 돕는 도구이다(그림 8.1 참조). 여러 전략적 사고를 위한 도구들의 결합체로 기업이 나아가야 할 방향을 이끄는 등대와도 같다. 또한, 전략 설계는 불분명한 목적을 가진 활동들과 전술들에 치우치지 않고 기업의 방향을 유지하기 위한 나침반 역할을 한다. 비즈니스의 전략 방향은 기업의 크기와 영향력과 상관없이 7가지의 핵심 요소로 나눠볼 수 있다.

➡ 목적

목적은 기업이 시장에 존재하는 이유이다. 또한 현재 하고 있는 업무의 원인이기도 하다. 목적은 기업의 사명(현재 목적), 비전(미래 목표), 그리고 가치(목적을 이끄는) 세 가지 형태로 나타난다. 분명한 목적을 갖는다는 것은 기업의 방향에 맞는 행동들을 선택할 수 있는 기준을 정함으로서 결정을 더욱 효과적으로 내릴 수 있도록 돕는다.

목적	이유
가치	유형
상황	상태
대상	소비자
무엇을	제품 또는 서비스
어떻게	능력
이익	차별화

(그림8.1) 전략 디자인

➡ 가치

연구에 따르면 기업의 세 가지 가치 요소인 제품의 탁월함, 고객 친밀도, 효과적인 운영 중 한 가지에만 집중적으로 투자한다면 경쟁력을 높일 수 있다. 기업이 선택한 가치 기준에 따라서 내부적으로는 직원들을 이끌고 외부적으로는 소비자들과 주주들에게 방향성을 제시한다.

➡ 상황

상황은 현재 비즈니스 상태를 설명한 것으로서 주변 환경, 기회, 위험 요소들에 대한 분석이다. 많은 기업에서는 상황을 현황 분석이라고 표현한다. 적절한 대응은 상황을 확실하게 파악하고 있을 때 가능한 것이다. 상황을 바로 알고 있지 않다면 절대적이 아닌 상대적인 성공을 위해 효과적으로 자원을 나누고 적절한 전략을 구상할 수 없다.

➡ 대상

전략을 구상할 때 개발 하고자 하는 제품 또는 서비스를 구매할 소비자 층을 정하는 것이 중요하다. 물론 지나가는 사람들 모두를 대상으로 마케팅 할 수도 있겠지만, 이 방법은 실질적이지도 않으며 수익성 또한 없다. 기업의 모든 경영자들과 부서들이 같은 고객층을 겨냥한다면 기업의 단결력을 높이고 전략을 집중시킬 수 있게 된다. 그렇다면 어느 소비자층을 대상으로 개발을 해야 하는가? 또한 제품의 소비자 대상에 포함시키지 않게 되는 범위는 어디인가? 이 두 질문으로 시작해보는 것이 좋다.

➡ 무엇을

물고기가 물속에서 사는 이유를 묻는 것은 뻔한 질문이듯이 기업이 제공하는 제품 또는 서비스가 무엇인가를 묻는 것이 다소 어색할 수 있다. 하지만 여러 기업에서는 굉장히 다양한 제품을 제공하고 있으며 계열마다 다른 수익을 내고 있는 경우가 많다. 각 계열의 요소들을 파악한 정보는 경쟁사들과 비교할 때와 소비자 조사를 실시할 때 매우 유용하게 사용할 수 있다. 또한 기업의 제품을 분석하는 것은 보다 깊은 전략을 구상할 수 있는 밑거름도 제공한다. 예컨대 버스 회사의 주요 비즈니스가 교통수단인지 물류 운송인지에 따라서 방향이 확연히 달라진다.

➡ 어떻게

기업의 능력에 따라서 경쟁 우위는 결정되게 한다. 이때 능력을 평가하는 것은 기업이 보유한 자원과 기술들이 수익을 창출하는 활동들로 어떻게 연결 되냐이다. 소비자들에게 유익을 주기 위해서 기업이 어떻게 독창적인 능력을 발휘하는지를 이해하고 있는 것이 필요하다. 인적 자원, 우수한 기술력, 전문 지식, 브랜드 창조력 등의 기업 능력이 제품 창조로 이어지는 과정을 파악하라.

➡ 이익

기업의 노력은 결국 이익을 가져다주어야 한다. 다른 기업과의 차별화를 통해 소비자들에게 많은 유익을 줄 수 있는 기업이 성공하게 된다. 모래사장 형 경영자들은 자유로운 다이버들 보다 항상 뒤처지며 통찰력 없이 제자리걸음만 계속 한다. 소비자들이 높이 사는 기업 차별화는 성공을 이끄는 원동력이다.

　전략 디자인의 7가지 요소를 파악했다면 실질적으로 적용해보자. 예를 들어 계속 살펴보고 있는 커스토솔루션의 전략 디자인은 표 8.2로 나타내 볼 수 있다.

　많은 업무에 휘말려서 결정력이 흐려질 때 전략 디자인이라는 등대가 전략의 방향성을 제시해 줄 것이다. 또한 경쟁에서 승리하기 위한 도전 의식과 잠재 능력을 맘껏 발휘하고자 하는 욕망은 맡은 임무에 최선을 다해 수행할 원동력을 줄 것이다.

(표8.2 전략 디자인) - 커스토솔루션

목적	외과 의사들에게 최고의 제품과 서비스 제공
가치	소비자 중심의 통합 해결책
상황	낡은 기술력이 외과 의사들의 새로운 수술법을 지원하지 못함
대상	대학 병원의 외과의사들
무엇	커스토솔루션의 의료기기
어떻게	외과 의사 자문위원들과 함께 제품 개발
이익	비즈니스와 임상 컨설팅을 결합한 서비스와 함께 의료기기 제공

세 가지 훈련 방법 적용하기

전 체스 챔피언 게리 카스파로프(Garry Kasparov)는 도구만 가지고 전략적으로 사고할 수 있는 것은 아니라고 설명한다. "전략적 사고의 가장 어려운 단계는 이를 적용시킬 자신감과 지속적으로 사용할 수 있는 끈기다. 전략을 정하고 나면 많은 노력들이 필요하다. 전략적 사고의 궤도에서 벗어났을 때 어떻게 다시 중심을 잡을 것인지를 생각해보아야 한다."

전략적 사고를 이끄는 도구와 개념들은 무수히 많다. 이 책은 각층의 경영자들이 전략적 사고라는 추상적인 개념을 확실히 이해하고 개발시킬 수 있도록 쓰였다. 전략적 사고의 세 가지 훈련 방법을 통해 일상적인 업무에서 전략적으로 생각할 수 있는 간단한 방법을 소개했다.

이 책에서는 여러 모델들과 구성 요소들을 설명하며 전략적 사고를 업무 중에 적용할 수 있는 수단들을 제시했다. 안목, 배분, 실행을 항상 유념한다면 이 수단들을 적절히 사용할 수 있을 것이다. 이때 각 요소마다 질문 한 가지씩에 답해본다면 전략적 사고를 유지하고 있다는 것을 알게 될 것이다(표 8.3 참조).

> 전략적 사고의 세 가지 훈련 방법을 통해 일상적인 업무 중 전략적으로 생각할 수 있게 된다.

이 세 가지 질문들은 비즈니스를 늘 전략적으로 바라볼 수 있도록 기준을 제시한다. 전략은 안목이 요구되며, 이를 통해 늘 통찰력을 얻기 위해서 노력해야 한다. 일하다보면 매일매일 대처하고 처리해야 하는 소비자 불만, 경쟁사의 광고 전략 등의 휩쓸려 급한 불부터 끄고 보자는 식의 좁은 안목을 갖기 쉽다. 하지만 '이 상황에서 얻을 수 있는 통찰력을 무엇인가?'의 질문을 기억해보자.

전략의 핵심은 자원의 효과적인 분배이다. 적절한 비즈니스와 부서에 기업의 자원을 나눔으로 전략의 실행을 시작한다. 이때 지속적인 지원을 중단해야 하는 비즈니스도 정하고 과감하게 포기해야 한다. 전략은 선택을 신중하게 하는 것만큼이나 깨끗이 포기하고 새롭게 도전하는 것도 중요하다.

마지막으로 실행은 전략 실행의 마지막 결과물인 경쟁 우위와 관련이 있다. 전략의 뿌리는 전쟁에서 승리하는 것이 목적인 군에서 찾을 수 있다. 전략적 사고가 일반적인 사고와 다른 이유는 항상 이익을 얻기 위해서 한다는 것이다. 경영자가 통찰력을 갖고 자원을 배분한 후에는 그 자원들이 수익을 낼 수 있는 활동들로 전환시켜야 한다. 이를 실행하는 과정에선 현상 유지를 하려는 본성을 벗어던지고 방향성을 잃지 않고 항상 도전하는 것이 필요하다.

전략적 사고를 비즈니스에 적용하기 위해서는 경쟁력을 키우기 위한 통찰력을 늘 찾아 움직여야 한다. 이를 생각해보며 하나의 이야기로 마무리 하도록 하자.

1870년대에 다이버들은 진주를 얻기 위해 100피트 깊이까지 잠수해 진주조개를 찾아 나섰다. 전해오는 이야기에 따르면, 바닷가 마을에 살고 있던 17살과 10살의 형제가 있었다. 매일 이들은 진주조개를 찾아서 바다로 뛰어들었다. 해질녘 이 두 소년은 망에 조개들을 한 가득 채취해서 마을로 돌아오곤 했다. 하지만 형은 마을 어른들 앞에 자신의 조개들을 자랑스럽게 내놓고 무용담을 들려주는 한편, 동생은 우두커니 앉아서 자신이 모은 작은 조개들을 살피기만 했다.

형이 동생에게도 조개들을 자랑해 보라고 해도 동생은 바다만 바라보며 조용히 앉아 있었다.

하지만 어느 날 이상한 일이 벌어졌다. 조개잡이를 마치고 온 두 형제에게 마을 어른이 그날의 작업에 대해서 물었다. 아무 말 없이 형은 조개가 하나도 잡히지 않은 망을 보였다. 이때 마을 어른은 동생에게 같은 질문을 했다. 동생은 조개가 가득한 망을 상에 엎어 보였다. 그 망에는 전에 보지도 못했던 커다란 진주조개들이 가득 담겨 있었다. 그 광경을 믿지 못하며 바라본 형은 "우리는 같은 곳에서 조개잡이를 했는데 너는 어떻게 이런 조개들을 찾은 거야?"하고 물었다. 그러자 동생이 이렇게 답했다. "우리는 같은 곳에서 조개잡이를 했지만 나는 항상 형보다 더 깊이 잠수해서 이 진주조개들을 찾았어." 이에 대해서 형은 "내가 너보다 잠수 경험도 더 많은데 어떻게 나보다 더 깊이 잠수할 수 있었지?" 라고 반문했다. 이에 대한 동생의 대답은 "간단해. 형이 마을 어른들께 조개들을 보여주고 있을 때 나는 숨을 참는 연습을 하고 있었어."였다.

우리의 잠재력을 충분히 발휘하기 위해서는 성공 가능성이 있는 모든 요소들을 동원해서 전략적으로 생각해야 한다. 안목을 키우며, 현명하게 자원을 배분하고, 신중하게 실행해야 한다.

로버트 브라우닝(Robert Browning)의 시를 마지막으로 인용하자면,
다이버의 삶에는 두 가지 순간이 있다.
첫째는 뛰어들기 위해 모든 것을 포기하는 순간이고,
둘째는 모든 것을 얻고 다시 떠오르는 순간이다.

Dive master practice

! 7가지 요소를 통해서 기업의 전략 디자인을 만들어보자. 이들 요소 중 분명하게 정의 내리지 못하는 부분들이 있는가? 동료들과 함께 전략 디자인을 살펴보자. 동료들 중 당신과 다른 관점을 가진 자들이 있는가? 다른 부서의 직원들과 함께 전략 디자인을 살펴보자. 다른 부서와 공통된 비전을 갖고 전략 디자인을 만들었는가? 그렇지 않다면 차이점은 무엇인가?

(표8.3) 전략적 사고 질문들

전략 요소	질문
안목	핵심 통찰력은 무엇인가?
분배	어디에 자원을 집중시켜야 하는가?
실행	어떻게 경쟁력을 키울 수 있을까?

이번 장의 핵심 내용

- 전략 디자인은 여러 전략적 사고를 위한 도구들의 결합체로 기업이 나아가야 할 방향을 이끄는 등대와도 같다. 또한, 전략 디자인은 불분명한 목적을 가진 활동들과 전술들에 치우치지 않고 기업의 방향을 유지하기 위한 나침반 역할을 한다.

1. 목적: 기업이 시장에 존재하는 이유이다.
2. 가치: 우수한 제품, 낮은 가격, 최상의 서비스 중 기업에서 중점을 둔 부분이다.
3. 상황: 현재 비즈니스 상태를 설명한 것이다.
4. 대상: 개발 하고자 하는 제품 또는 서비스를 구매할 소비자 층을 뜻한다.
5. 무엇: 기업이 제공하는 제품 또는 서비스가 무엇인가?
6. 어떻게: 소비자들에게 유익을 주기 위해서 기업이 어떻게 독창적인 능력을 발휘하는가?

7. 이익: 다른 기업과의 차별화를 통해 소비자들에게 주는 유익이다.

■ 전략적 사고를 매일 적용하기 위해서 다음의 질문들에 답해보라.
   안목: 핵심 통찰력은 무엇인가?
   배분: 어디에 자원을 집중시켜야 하는가?
   실행: 어떻게 경쟁력을 키울 수 있을까?

리치 호워스 지음

저술가, 교수, 전략가이다.
그는 인베스터스 비즈니스 데일리(Investor's Business Daily)를 포함한 전 세계의 수많은 경영 관련 출판물에 소개되고 있으며, NBC, WGN, FOX TV 등에도 다수 출연했다. '전략적 사고 연구소'의 설립자로, 전략사고에 관한 네 권의 저서와 75여 가지 이상의 논문을 저술했다. 또한 높은 인기를 자랑하는 강연자이기도 한 그는 미국에서 전략사고에 있어서 1위에 랭크된 최고의 강연자이다.

권혜아 옮김

아주대학교 영어영문학과를 졸업하고 서울대학교 대학원 영어영문학과 석사과정을 졸업했다.
현재 전문번역가로 활동중이다.
역서로는 〈인생을 다시 시작하고 싶을 때 가장 먼저 해야 할 일들〉이 있다.

성공을 위한 날카로운 전략

2011년 12월 1일 1판 1쇄 인쇄
2011년 12월 5일 1판 1쇄 발행

펴낸곳 | 동해출판
펴낸이 | 하중해
지은이 | 리치 호워스
옮긴이 | 권혜아
마케팅 | 홍의식
기　획 | 하명호
디자인 | 페이퍼 마임
주　소 | 경기도 고양시 일산동구 장항1동 621-32호 (410-380)
전화 | (031)906-3426
팩스 | (031)906-3427
e-Mail | dhbooks96@hanmail.net
출판등록 제302-2006-48호
ISBN 978-89-7080-204-6 (03320)
값 12,000원

*값은 뒷표지에 있습니다.
*잘못 만들어진 책은 구입하신 서점에서 바꿔 드립니다.